Franz Laub

Die Begegnung des frühen Christentums mit der antiken Sklaverei

Stuttgarter Bibelstudien 107

Herausgegeben von
Helmut Merklein und Erich Zenger

Franz Laub

Die Begegnung des frühen Christentums mit der antiken Sklaverei

Verlag Katholisches Bibelwerk GmbH
Stuttgart

CIP-Kurztitelaufnahme der Deutschen Bibliothek

Laub, Franz
Die Begegnung des frühen Christentums mit der antiken Sklaverei /
Franz Laub. – Stuttgart: Verlag Katholisches Bibelwerk, 1982.
(Stuttgarter Bibelstudien; 107)
ISBN 3-460-04071-8

NE: GT

ISBN 3-460-04071-8

Gesamtherstellung: Wilhelm Röck GmbH, Weinsberg

Vorwort

Bibelwissenschaft und vor allem profane Geschichtsforschung haben sich in den letzten Jahrzehnten verstärkt um das Verständnis der antiken Sklaverei bemüht. Hält man gegeneinander, wie beide Forschungsrichtungen je aus ihrer sicht das Problem behandeln, dann wird schnell sichtbar, wie in der biblischen Exegese die Neigung vorherrscht, unter Vernachlässigung zeit- und sozialgeschichtlicher Zusammenhänge möglichst direkt zu aktualitätsbezogenen Urteilen zu kommen. Demgegenüber ist es die Absicht der hier gebotenen Untersuchung, das Thema „Frühes Christentum und antike Sklaverei“ primär von dem ihm eigenen Hintergrund sozialer und gesellschaftlicher Bedingtheiten aus anzugehen.

Was jetzt als kleine Monographie vorliegt, war ursprünglich als Zeitschriftenaufsatz geplant. Herr Professor Joachim Gnilka ermunterte mich, das Thema zu einem Titel im Rahmen der Stuttgarter Bibelstudien auszugestalten. Dafür spreche ich ihm an dieser Stelle meinen herzlichen Dank aus. Für die Aufnahme des Beitrags in die Reihe weiß ich mich dem Herausgeber, Herrn Professor Helmut Merklein, im besonderen zu Dank verpflichtet. Zu danken habe ich schließlich auch Frau Albine Unger und Fräulein Margit Weber für ihre Hilfsbereitschaft bei der Anfertigung des Manuskripts.

München, im Oktober 1982 Franz Laub

Inhaltsverzeichnis

Einführung

Auf dem Hintergrund so aktueller Begriffe wie „politische Theologie", „Theologie der Befreiung" zieht die Frage nach der Stellung des Urchristentums zur Sklaverei mehr Aufmerksamkeit auf sich, als ihr in den Schriften des Neuen Testaments selbst geschenkt wird. Sie erscheint dort als Randthema[1]. Die Unterschiedlichkeit des Interesses signalisiert in sich schon die Verschiedenheit der Standpunkte, mit der Autoren des Neuen Testaments sich zur Sklaverei äußern oder, – was für die Mehrzahl der in Betracht kommenden Texte zutrifft –, in paränetischer Absicht direkt die Sklaven in ihren Gemeinden ansprechen[2], mit der andererseits heute der Historiker und Theologe nach dem Verhältnis des Urchristentums zur antiken Sklaverei fragt[3]. Jedenfalls wendet man sich mit dem anstehenden Thema einem Problembereich zu, der in der Gegenwart die Menschen in und am Rande der Kirchen umtreibt, der Problembereich des sozialethischen Handelns des Christen, der Kirchen in der heutigen Welt und der modernen Gesellschaft, die Frage nach der theologischen Legitimation, nach Umfang und Grenzen solchen Handelns. Das Thema „Frühes Christentum und Sklaverei" gibt zu dem umschriebenen Problemfeld so etwas wie einen Testfall aus der Kirchengeschichte ab, nicht aus einem beliebigen, sondern aus jenem für christliches Glaubensverständnis bevorzugt relevanten Stück Kirchen- und Theologiegeschichte, das in den Schriften des Neuen Testaments seinen literarischen Niederschlag gefunden hat[4]. Natürlich ist damit nicht gemeint, es könnten durch einfache

---

[1] 1 Kor 7,20–24; 12,13; Gal 3,26–28; Phlm; Kol 3,11; 3,22–4,1; Eph 6,5–9; 1 Tim 6,1f; Tit 2,9f; 1 Petr 2,18–25.

[2] Mit Ausnahme von 1 Kor 12,13; Gal 3,26–28 und Kol 3,22–4,1 sind das alle in Anm. 1 genannten Stellen.

[3] Es ist bezeichnend für die Interessenlage, wenn Historiker und Bibelwissenschaftler in der Erforschung der antiken Sklaverei in den letzten 30 Jahren mehr produziert haben als in vielen Jahrzehnten vorher zusammengenommen. Vgl. den Forschungsbericht von N. Brockmeyer, Antike Sklaverei, Erträge der Forschung 116, 1979; J. Vogt, Bibliographie zur antiken Sklaverei, 1971; Literaturnachtrag im ThW X 2, 156–159.

[4] Daß im Blick auf Kirche und Theologie dabei mehr als nur abstrakte historische Erkenntnis auf dem Spiel steht, mag man u.a. schon an der emotionsgeladenen Art, wie die Diskussion gelegentlich geführt wird, ablesen. Vgl. den Forschungsbericht von G. Klein, Christusglaube und Weltverantwortung als Interpretationsproblem neutestamentlicher Theologie: VF 18 (1973) 47–54, zu S. Schulz, Gott ist kein Sklavenhalter. Die Geschichte einer verspäteten Revolution, 1972; ders., Hat Christus die Sklaven befreit? Sklaverei und Emanzipationsbewegungen im Abendland, in: Ev. Komm. 5 (1972) 13–17.

exegetische Ableitung verbindliche Auskünfte auf Gegenwartsfragen auf dem dissensträchtigen Sektor „politische und gesellschaftliche Verantwortung der Christen“ erteilt werden. Auch nicht ist intendiert, die so oft bemühte gesellschaftliche Relevanz zum dominierenden Kriterium für angemessenes Theologisieren in der modernen Welt zu erklären[5]. Vielmehr geht es mit dem gestellten Thema zunächst um die Frage, wie und mit welchen Konsequenzen in der urchristlichen Verkündigung der eschatologischen Christusbotschaft soziale und gesellschaftliche Implikationen zutage treten. Am Einzelbeispiel des Verhältnisses des Urchristentums zur Sklaverei kann konkret die Problematik einer neutestamentlichen Begründung der gesellschaftlichen Relevanz des Evangeliums in einer bestimmten kirchengeschichtlichen Situation sichtbar gemacht werden[6]. Erst dann wäre ein kritischer Dialog zwischen dem Neuen Testament und einer für die Theorie und – mehr noch – die Praxis des Glaubens bedrängenden Gegenwartsfrage möglich.

Bei dem Aktualitätsbezug der Thematik liegt die Gefahr zu dem methodischen Fehler nahe, die antike Sklaverei und entsprechende Äußerungen des Neuen Testaments von vornherein mit den Maßstäben modernen Menschenrechtsverständnisses zu messen. Zur Erhebung des historischen Sachverhalts und der von den neutestamentlichen Texten intendierten Aussage ist dieses methodische Vorgehen offensichtlich so ungeeignet, daß auf diesem Weg die widersprüchlichsten Positionen sich aufbauen lassen: auf der einen Seite das vernichtende Urteil, das Neue Testament sei in seinen Äußerungen zur Institution der Sklaverei vom Geist der Menschenverachtung durchzogen[7], auf der anderen Seite die weitreichende Feststellung, das Neue Testament – insbesondere Paulus – habe in dieser Frage eine Richtung eingeschlagen, die den Anfang einer Befreiungsbewegung bedeute und die Aufhebung der Sklaverei über kurz oder lang

---

[5] Das Erstaunen von E. Gräßer, Die politische Herausforderung an die biblische Theologie: EvTh 30 (1970) 228–254, über „die Selbstverständlichkeit, mit der die ‚gesellschaftliche Relevanz‘ zum Kriterium von Theologie und Kirche erhoben wird“, mag angesichts mancher Tendenzen nicht unbegründet sein.

[6] Letztlich läßt sich die Problematik immer wieder auf den Sachverhalt zurückführen, wie ihn M. Dibelius, Das soziale Motiv im Neuen Testament, in: Ges. Aufsätze I, 1953, 178–203, plausibel und zutreffend formuliert: „Die Verwandlung der Welt, die das Neue Testament verkündet, ist keine soziologische, sondern eine eschatologische“ (S. 180), und: „Das Evangelium ist nicht soziale Botschaft, aber es wirkt als soziale Forderung“ (S. 181).

[7] Schulz, Sklavenhalter 169f, macht es Paulus zum Vorwurf, er habe die Barbarei der Sklavenhaltung als selbstverständliche Sozialordnung hingenommen.

notwendig zur Folge gehabt habe[8]. Aber beides trifft so nicht zu. Die Dinge liegen differenzierter, als es solche Alternativlösungen mit ihrem Defizit an geschichtlicher Betrachtungsweise zunächst vermuten lassen.

[8] Vgl. z.B. Steinmann, Sklavenlos 75: „Aber es (= das Christentum) hat insofern umwandelnd und veredelnd gewirkt, als es eine apostolische Idee gebar, deren Konsequenz notwendig zur Abschaffung der Sklaverei geführt hätte". Von dieser apologetischen Grundtendenz sind nicht nur ältere Arbeiten getragen wie die Untersuchung von P. Allard, Les esclaves chrétiens depuis les premiers temps de l'église jusqu'à la fin de la domination Romaine en occident, ⁵1914, vielmehr ist es auch heute noch so etwas wie eine selbstverständlich weitergereichte opinio communis, daß die Urkirche „durch die Liebe ... eine innere Erziehung eingeleitet" habe, „die zur Abschaffung der Sklaverei führen mußte": R. Schnakkenburg, Die sittliche Botschaft des Neuen Testaments, ²1962, 206. Gegen dieses sozialgeschichtlich unhaltbare Urteil ist in Auseinandersetzung mit einigen zeitgenössischen Autoren schon F. Overbeck, Über das Verhältnis der alten Kirche zur Sklaverei im Römischen Reich, in: Studien zur Geschichte der Alten Kirche, 1875, 158–230, mit guten Argumenten angegangen.

I. Vorbemerkungen zum Verständnis der Sklaverei in der Antike

Die Forschungsarbeit der letzten Jahrzehnte ermöglicht es mittlerweile, die Sklaverei als ein äußerst vielschichtiges soziales Phänomen in den gesellschaftlichen und politischen Ordnungsstrukturen der Antike zu begreifen[1]. Dies zur Kenntnis zu nehmen, kann für eine vorurteilsfreie und sachgerechte Auslegung entsprechender neutestamentlicher Texte nur von Nutzen sein.

Versteht man Sklaverei als „persönliche Unfreiheit infolge des Besitzrechtes eines anderen Menschen an der Person eines Abhängigen"[2], dann ist es das fast völlige Fehlen eines Problembewußtseins gegenüber dieser mit der Sklaverei institutionalisierten Rechtsunfähigkeit, Rechtlosigkeit und Unfreiheit, was das Neue Testament in all seinen Traditionsschichten – der historische Jesus eingeschlossen – mit der gesamten antiken Welt gemeinsam hat und was andererseits einen tiefen Graben zum modernen anthropologischen Bewußtsein hin aufwirft[3]. Sklaverei wird in der Antike im großen und ganzen als Vorgegebenheit und Selbstverständlichkeit hingenommen. Das läßt sich besonders deutlich an den großen Sklavenaufständen in der späten Republik etwa der Jahre 150–70 v. Chr. illustrieren. Im Urteil der heutigen Geschichtswissenschaft war die leitende Idee der Sklavenrevolten nicht die Abschaffung der Sklaverei, sondern die Gewinnung der persönlichen bürgerlichen Freiheit und unter Umständen die Rückkehr in die Heimat. Auch der berühmte Spartacus-Aufstand der Jahre 73–71 v. Chr. macht da keine Ausnahme. Soweit es vorübergehend zu staatsähnlichen Formierungen der Aufständischen kam wie durch den Syrer Eunus auf Sizilien (135–132 v. Chr.), handelt es sich um Nachbil-

---

[1] Neben Brockmeyer und Vogt (s. o. Anm. 3) vgl. J. Vogt, Die antike Sklaverei als Forschungsproblem von Humboldt bis heute, in: ders., Studien zur antiken Sklaverei und ihrer Erforschung, 1965, 97–111.

[2] So N. Brockmeyer, Sklaverei 3, im Anschluß an S. Lauffer, Lexikon d. alten Welt, 1965, 812.

[3] Das Fehlen eines modernen anthropologischen Bewußtseins den neutestamentlichen Autoren ankreiden, heißt nichts anderes, als die entsprechenden neutestamentlichen Texte von vornherein in einem völlig anderen zeitgeschichtlichen Kontext zu lesen, als in den hinein sie ursprünglich gesprochen sind. P. Stuhlmacher, Historisch unangemessen, in: Ev. Komm. 5 (1972) 197, kritisiert dies zurecht als schwerwiegenden methodischen Fehler bei S. Schulz, (s. o. Anm. 4).

dungen der herrschenden Typen von Staat und Gesellschaft, Sklaverei inbegriffen[4].

In der antiken Literatur findet sich denn auch nicht allzu viel Theoretisches zur Begründung der Sklaverei. Das Neue Testament verzichtet überhaupt auf eine wie immer geartete theologische Fundierung oder Rechtfertigung der Sklaverei. Was hier zum Thema begegnet, ist primär konkrete Lebensweisung im Horizont des neuen Glaubens unter Hinnahme der bestehenden Ordnung, die Haustafel-Paränesen eingeschlossen[5]. Wenn in nachneutestamentlicher Zeit in der alten Kirche dann Versuche unternommen werden, die Sklaverei explizit theologisch zu rechtfertigen und zu begründen[6], so ist dies, gemessen an der diesbezüglichen Zurückhaltung des Neuen Testaments, durchaus als Rückfall auf jenes Niveau antiken Denkens zu werten, wo die praktizierte Sklaverei theoretisch-philosophisch – man könnte auch sagen ideologisch – untermauert wird.

Die bedeutsamsten Überlegungen in dieser Richtung finden sich bei Platon und Aristoteles. Deutlicher noch als Platon spricht Aristoteles von der Sklaverei als in der Natur begründet[7]. Der Sklave hat keinen Anteil am Logos; er zählt unter den Sachbesitz[8] und ist lediglich „beseeltes Werkzeug"[9]. Solche Stellen werden in der Exegese gerne zitiert, weil sich auf derart düsterem Hintergrund das frühe Christentum immer noch ganz gut ausnimmt, wo die Sklaverei zwar fraglos übernommen, aber der Sklave

[4] Vgl. dazu J. Vogt, Zur Struktur der antiken Sklavenkriege, in: ders., Sklaverei 20–60; Brockmeyer, Sklaverei 172–177; Weber, Sklaverei 257–297.

[5] So gewiß die Haustafeln im Sinn einer Rezeptionsethik schon von einer recht weitreichenden und ins Prinzipielle gehenden Anpassung an die bestehenden Ordnungen zeugen, so ist es dennoch überzogen, wenn Schulz, EvKomm 5 (1972) 13–17, in diesem Zusammenhang von einer Sanktionierung der Sklaverei „im metaphysischen Sinn einer statischen Schöpfungs- und Ordnungstheologie" spricht (S. 15f) und wenn er durch diese Form der Paränese „antike Ordnungen theologisch und christologisch" zementiert sieht (S. 16).

[6] IgnPol 4,3 verurteilt den Wunsch der Sklaven, freizukommen, als Sklaverei der Begierde. Nach Chrysostomus MPG 62,704 hat Paulus mit der Behandlung des Falles Onesimus verdeutlicht, daß es nicht in Einklang steht mit dem christlichen Glauben, den Herren die Sklaven wegzunehmen. Augustinus, De civ. 19,15, versteht Sklaverei als Folge der Sünde und als Sündenstrafe, zugleich aber auch als ordnenden Ausfluß des Gesetzes, das die natürliche Ordnung zu wahren befiehlt und zu stören verbietet. So hat Christus denn auch nicht die Sklaven befreit, sondern er macht aus schlechten Sklaven gute Sklaven (Enarr. in Ps. 124,7). Näheres s. u. VI.

[7] Plat. Pol 309a; Arist. Pol. I 1254a, b u. 1255a.

[8] Plat. Tim. 51e und Nomoi 776b, 777b.

[9] Arist. Pol 1254a, 30ff.

immerhin als Mensch anerkannt wird. Wie sich aber zeigen wird, sind Aussagen dieser Art mißverstanden, wenn sie, aus ihrem sozialgeschichtlichen Kontext gerissen, vorschnell im Zusammenhang neuzeitlichen Menschenrechtsverständnisses gewertet werden. Auch die Rechtsunfähigkeit des Sklaven, wie sie vor allem das römische Privatrecht formuliert[10], darf nicht einfach gleichgesetzt werden mit einer völligen Recht- und Schutzlosigkeit im Sklavenalltag oder gar mit einer indirekten Aufforderung zu willkürlicher Behandlung des Sklaven. Rechtsunfähigkeit und Rechtlosigkeit sind zunächst nicht mehr und nicht weniger als die andere Seite des privatrechtlichen Status des Sklaven als „Eigentum". Rechtlich ist daher der Sklave keine persona, aber als vernunftbegabtes Wesen ist er es de facto dennoch. Er kann daher grundsätzlich alles das auch tun und sein, was ein Freier tut und ist, nur ist der Sklave dabei rechtlich nicht Persönlichkeit, sondern Eigentum[11]. Auch das Tötungsrecht gegenüber dem Sklaven ist ja primär nicht Signum der besonderen Rechtlosigkeit des Sklaven, sondern Signum der Vollgewalt des paterfamilias im Rahmen des antiken Patriarchalismus, eine Vollgewalt, die sich ursprünglich und theoretisch auch auf die Kinder erstreckte[12]. Darüber hinaus mußte dem Sklavenbesitzer schon aus wirtschaftlichen Rücksichten an einem gewissen Wohlergehen seiner Arbeitskräfte gelegen sein.
Im übrigen ist immer im Auge zu behalten, daß die Sklaven alles andere als eine einheitliche Gruppe oder soziale Schicht darstellten, die ob des gleichen Schicksals ein besonderes Solidaritätsbewußtsein zusammengehalten hätte. Zu unterschiedlich ist ihre jeweilige Situation je nach Volkszugehörigkeit, Religion, Bildung und vor allem Tätigkeit. Auch zeitlich und regional sind die Bindungen zu differenziert, als daß man schlechthin von *den* Sklaven reden könnte.
So war etwa zur Blütezeit der Republik als Folge der Massenversklavung

[10] Vgl. Sohm – Mitteis, Institutionen 168.
[11] Sohm – Mitteis, aaO. 167–170, Lauffer, Sklaverei 385f, nennt die „beliebte Formulierung, daß der Sklave kein Mensch, sondern eine Sache sei", ein Produkt des 19. Jahrhunderts und des Ethos der modernen Emanzipationsbewegung. „Eine reine Sklaverei in diesem Sinne" habe „es in der Antike niemals gegeben". Vgl. dazu: Der Kleine Pauly V. 231f. Das Verhalten des Vedius Pollio, der seine Zuchtfische mit Sklavenfleisch fütterte (Seneca, De ira III 40), ist sicher das Extremste an Unmenschlichkeit und nicht repräsentativ für den Sklavenalltag.
[12] Vgl. Brockmeyer, Sklaverei 154. Die kaiserliche Gesetzgebung hat die Tötung von Sklaven durch ihre Herrn schon sehr früh verboten. So weiß die Vita Claudii des Sueton 27 zu berichten, eine kaiserliche Verfügung habe die Tötung von kranken oder arbeitsunfähig gewordenen Sklaven durch ihren Besitzer dem Mord gleichgestellt. Weiteres Material s. Brockmeyer, aaO. 183.

in siegreichen Kriegen das Los der römischen Sklaven generell härter als in der liberalen Kaiserzeit mit ihrem knappen Sklavenmarkt. Zur Zeit des frühen Christentums finden wir Sklaven so gut wie in allen Lebensbereichen und Berufen. Das härteste Schicksal hatten gewiß die Arbeitssklaven im landwirtschaftlichen Großgrundbesitz, in Bergwerken und Manufakturen zu erleiden, im Unterschied zu den Haussklaven und den als Aufseher, Verwalter, Lehrer, Pädagogen oder Ärzte tätigen. Die servi publici (Staatssklaven) waren in großer Zahl in den verschiedenen öffentlichen und Verwaltungsaufgaben eingesetzt. Das Verhältnis zwischen Herr und Sklave hat sich bei all dem sicher nicht nur nach der juristischen Rechtsunfähigkeit des Sklaven und dem unbeschränkten Verfügungsrecht des Herrn gestaltet, sondern war sicher auch „durch die Umgangssitten des Hauses, des Geschäftsbetriebes und der speziellen Gesellschaftsschicht bestimmt“[13].

Im Interesse eines historisch vertretbaren Urteils ist dieser ganze sozialgeschichtliche Kontext, der hier nur angedeutet werden kann, für unser Thema im Auge zu behalten[14]. Die neutestamentlichen Schriftsteller hatten bei ihren an die Sklaven gerichteten Paränesen gewiß nicht antike anthropologisch-philosophische Sklaventheorien vor Augen, sondern die Alltagswirklichkeit des Sklavendaseins in all seinen Schattierungen.

Von besonderem Interesse für den neutestamentlichen Vergleich sind die *Humanisierungstendenzen*, die in der Geschichte der antiken Sklaverei bei aller Kritiklosigkeit gegenüber der Institution als solcher von unterschiedlichen Voraussetzungen her dennoch zutage treten. Bemerkenswert in diesem Zusammenhang sind die Schutzbestimmungen des *Alten Testaments*. Sie regeln unter anderem die Freilassung nach sechs Jahren, wobei eine gewisse wirtschaftliche Existenzgrundlage für den Freigelassenen zu schaffen ist. Ein Unterschied zwischen männlichen und weiblichen Sklaven darf dabei nicht gemacht werden[15]. Es gibt ein Verbot harter Behand-

---

[13] Lauffer, Sklaverei 387; s. dazu die Beiträge von J. Vogt, Sklaverei und Humanität im klassischen Griechentum, 1–19. – Wege zur Menschlichkeit in der antiken Sklaverei, 69–82. – Sklaventreue, 93–96, in: ders., Sklaverei und Humanität. Studien zur antiken Sklaverei und ihrer Erforschung, 1965.

[14] Der zeitgeschichtliche Teil der Arbeit von Gayer, Stellung 19–110, leidet daran, daß neben den theoretischen Aussagen zur Sklaverei aus Griechenland und Rom die konkrete sozialgeschichtliche Seite des Themas so gut wie ausgeklammert bleibt. Auf diese Weise entsteht leicht ein einseitiges und unzulängliches Bild von der antiken Sklaverei. Ähnliches gilt von Ch. Haufe, Die antike Beurteilung der Sklaven, in: Wissensch. Zeitschr. d. Karl-Marx-Univ. Leipzig 9 (1959/60) 603–616.

[15] Vgl. Dtn 15,12–18; Ex 21,2; Lev 25,8ff.39ff; zum Ganzen s. Str-Bill IV 2,

lung und des Weiterverkaufs (Lev 25,42f). Dtn 23,16f kennt eine humane Regelung zugunsten entflohener Sklaven. Aber, und dies ist für die historische Beurteilung nicht weniger bemerkenswert, all diese Schutzbestimmungen kommen ausschließlich dem hebräischen Schuldsklaven zugute, das heißt, dem Volks- und Religionsgenossen, sind also auf religiös-nationalem Boden erwachsen. Mit Fremdsklaven dagegen ist man offensichtlich im jüdischen Haus, was Erwerb und Besitzrecht anlangt, nicht anders verfahren wie sonst überall in der antiken Welt. Die Beschneidung, der sich der Sklave aus kultischen Reinheitsrücksichten seines jüdischen Besitzers in der Regel zu unterwerfen hatte, mag eine gewisse Verbesserung seiner Situation bedeutet haben, da sie ihn in den Genuß mancher Religionsgesetze wie etwa der Sabbatruhe oder der Teilnahme am Passamahl brachte[16]. Wie wenig mäßigend sonst die religiös-national motivierten Rechtssetzungen des Alten Testaments auf die Form der antiken Sklaverei im Judentum gewirkt haben – man könnte auch sagen, wie wenig sie mit einer allgemeinen, die Umwelt übertreffenden Humanisierungstendenz zu tun haben –, lassen die vielen abfälligen Äußerungen und die harten Regelungen bei den Rabbinen erahnen[17].
Das Urteil erscheint daher doch zu optimistisch, in den alttestamentlichen Rechtssetzungen sei „eine Großtat" zu sehen, „die in der Antike ihresgleichen" suche[18]. Dies gilt um so mehr, als auch in Griechenland wie in Rom Staatsbürger prinzipiell nicht versklavt werden konnten, wenn man von den verschiedenen Formen der Schuldknechtschaft absieht[19]. In Griechenland war die Unterscheidung in Hellenen und Barbaren wenigstens ein Stück weit geradezu deckungsgleich mit der Unterscheidung in Freie

698–716; zu Ex 21,2–11 vgl. Lemche, VT 25 (1975) 129–144; zum AT insgesamt: Ploeg, VT Suppl. 12 (1971) 72–87; Lemche VT 26 (1976) 38–59; Cardellini, „Sklaven"-Gesetze, 1981.

[16] Vgl. Lev 25,44–46. Nach V. 46b wird das Verbot harter Behandlung ausdrücklich auf die israelitischen Schuldsklaven begrenzt. Vgl. Gülzow, Sklaverei 18–21.

[17] Vgl. dazu Str-Bill IV 2, 716–744; s. dazu die Darbietung des Materials bei Haufe, Beurteilung 610ff. Nach Berichten des Philo, Über die Freiheit des Tüchtigen 75–87, und des Josephus, Jüdische Altertümer 18,18–22, lehnten die Essener die Sklaverei als Unrecht ab. Die Qumrantexte selbst bestätigen dies nur indirekt, insofern die dort bezeugte strikte Gütergemeinschaft Sklaverei überflüssig macht. Den Gegenbeweis würde allerdings die Gütergemeinschaft christlicher Klöster antreten, die sich in der alten Kirche und z.T. noch im Mittelalter durchaus mit Sklavenhaltung vertrug.

[18] So Gayer, Stellung 78.

[19] Seit den Reformen Solons scheint die Schuldsklaverei in Griechenland verdrängt worden zu sein. Vgl. dazu Brockmeyer, Sklaverei 100–104; zu den römischen Verhältnissen s. S. 150–155.

und Sklaven[20]. Als erste Maxime für die Römer galt: Jeder Sklave mußte ein Fremder sein und umgekehrt, kein Sklave konnte Römer sein[21].
Von einer wirklichen Humanisierungstendenz wird man indes, bei der Position, die die *Stoa* gegenüber der Sklaverei bezieht, reden können. Was hier, speziell bei Seneca, an Grundsätzlichem und Paränetischem begegnet, ist nicht auf den Religions- und Volksgenossen eingeengt, sondern, in anthropologisch-philosophischem Denken begründet, hat es den Sklaven als Menschen im Auge[22]. Das Drängen des Stoikers auf humane Behandlung der Sklaven kommt aus dem Gedanken der Gleichheit aller Menschen auf Grund ihrer gleichen Herkunft, ihrer Teilhabe an der göttlichen Vernunft und damit ihrer Befähigung zum eigentlichen Gut des Stoikers, zu der vom sozialen, gesellschaftlichen oder politischen Status unabhängigen inneren Freiheit. An ihr gemessen kann im Urteil der Stoa der Sklave ein Freier und der Freie ein Sklave genannt werden[23].
Es kann nicht bestritten werden, daß das stoische Gedankengut die *kaiserliche Gesetzgebung* zum Schutz der Sklaven in den ersten drei Jahrhunderten n. Chr. stark beeinflußt hat[24]. Wie sehr stoisches Denken und stoische Lebenshaltung nicht nur die Kreise der Gebildeten weithin beherrschten, sondern auch in den obersten Machtzentren des Imperiums

---

[20] Plat. Pol. 469b 5–c 7.

[21] Brockmeyer, Sklaverei 8, mit Literaturverweisen. Vgl. dazu E. Elorduy, Sozialphilosophie 201–206.

[22] Seneca trägt seine diesbezüglichen Ideen vor allem in der Schrift „De beneficiis" und in Epist. 47 vor. Vorläufer der Stoa sind die aufklärerischen Sophisten des 5. und 4. Jh. v. Chr. Wegen der natürlichen Gleichheit aller Menschen verwerfen sie die Sklaverei als wider die Natur des Menschen. Sie gehen darin sogar weiter als die Stoa. Aristoteles greift in Pol. I 1253b 20–23 ihre Position auf und entwickelt im weiteren die Gegenthese vom Sklaven „von Natur".

[23] Vgl. Seneca, De ben. III 18ff; III 28,4. „‚Servus est'. Sed fortasse liber animo. ‚Servus est'. Hoc illi nocebit? Ostende, quis non sit; alius libidini servit, alius avaritae, alius ambitioni, omnes timori": Epist. 47,17. Den Freiheitsbegriff der Stoa hat vor allem Epiktet in Diss. IV 1 entwickelt. Was Philo in seiner fragmenthaft erhaltenen Schrift „Über die Freiheit des Tüchtigen" zu Freiheit und Sklaverei entwickelt, ist ganz und gar stoischem Denken verpflichtet. Möglicherweise hat er überhaupt nur eine stoische Schrift überarbeitet; so H. Leisegang RE XX/1, 14f.

[24] Stuhlmacher, Phlm 43 Anm. 107, traut dagegen „der relativ humanen alttestamentlichen Sklavengesetzgebung . . ., vom Urchristentum ethisch aufgegriffen und aufgearbeitet", mehr positive Wirkung zu, wogegen „die stoische Lehre von der Gleichheit der Menschen . . . weithin der Theorie verhaftet" geblieben sei. Vielleicht ist hier doch der Wunsch der Vater des Gedankens. Das Urteil der Forschung über den Einfluß der Stoa auf die kaiserliche Sklavengesetzgebung ist ziemlich einhellig, wenngleich auch noch andere Faktoren, politische und wirt-

präsent waren, das bestätigen große Kaisergestalten wie Marc Aurel und der auch politisch erfolgreiche Seneca. Die einzelnen kaiserlichen Gesetze und Reskripte sind schon oft zusammengestellt worden[25]. Sie erstrecken sich auf den Schutz gegen grausame Mißhandlung, verbieten die Tötung, regeln das Beschwerderecht und einen eventuellen Anspruch auf Freilassung, verbieten den Verkauf in eine Gladiatorenschule oder ins Bordell ohne Angabe von Gründen und die Kastration. Wenn hinter diesen Regelungen vor allem die Tendenz einer rechtlichen Gleichbehandlung von Unrecht, das an Sklaven begangen wurde, sichtbar wird, dann darf man darin durchaus die Frucht der Tatsache sehen, „daß die Stoiker von Haus aus das Vorurteil, als bestehe ein wesentlicher Unterschied zwischen Freien und Sklaven, prinzipiell überwunden haben"[26]. Allerdings haben der stoische Freiheitsbegriff und die Idee von der Gleichheit aller Menschen die Sklaverei als Institution mit keinem Wort angetastet[27]. So erreicht die Stoa zwar ein hohes Niveau an Humanität, bleibt aber aus neuzeitlicher Perspektive sozial konservativ. Wie sich zeigen wird, haben wir es hier mit einer bemerkenswerten Parallele zu Paulus zu tun, wenngleich bei ihm die Voraussetzungen wieder andere sind.

Offensichtlich überschätzt wird in der Forschung die vermeintliche Aufhebung der sozialen Schranken zwischen Freien und Sklaven in der religiösen Verbrüderung der orientalischen *Mysterienkulte*. Solche Bru-

---

schaftliche, die Entwicklung beeinflußt haben. Vgl. Marquardt, Privatleben I 189–195. Im übrigen ließe sich ebenso kritisch auch nach dem Schicksal der biblischen Anschauung von der Gleichheit aller Menschen in zweitausend Jahren Christentumsgeschichte fragen.

[25] Vgl. Kaser, Privatrecht I 285f; Westermann, Systems 116f; Gülzow, Sklaverei 125ff. Auch das attische Recht kannte immer schon gewisse Schutzbestimmungen, z.B. Schutz vor Tötung oder das Asylrecht an den Götteraltären bei grausamer Behandlung, auch die Freilassung wurde immer schon praktiziert und war rechtlich geregelt. Vgl. dazu W. L. Westermann, RE Suppl. VI, 920ff; Büchsenschütz, Besitz 150–153.

[26] Bonhöffer, Epiktet 100.

[27] Bekanntlich hatte Seneca als wohlhabender Mann selber eine große Anzahl Sklaven in seinen Diensten, ohne daß er sie je in die Freiheit entlassen hätte. Aber immerhin empfindet er sein Verhalten als fragwürdig und bekennt: „Non sum sapiens et, ut malevolentiam tuam pascam, nec ero. Exige itaque a me, non ut optimis par sim, sed ut malis melior. Hoc mihi satis est, cotidie aliquid ex vitiis meis demere et errores meos obiurgare" (De vit.be. 17,3) („Ich bin nicht weise und, um deine Schadenfreude zu nähren, ich werde es auch nicht sein. Verlange daher von mir, nicht daß ich den Trefflichsten gleich sei, sondern nur ein bißchen besser als die Schlechten. Das ist mir genug, täglich etwas von meinen Fehlern wegzubringen und meine Irrtümer zu tadeln").

derschaft läßt sich nur für Einzelfälle belegen, die in der Forschung dann gerne verallgemeinert werden[28]. „Es kann keine Rede davon sein, daß die Schranken ihnen (= den Sklaven) gegenüber auch nur auf geringe Strekken hin wirklich ausgeräumt werden. Im allgemeinen macht man, nach guter antiker Gewohnheit, auch hier vor ihnen halt"[29]. Die neutestamentliche Bruderidee, die für das Urchristentum konstitutiv war und die auf Ignorierung aller sozialen, gesellschaftlichen und ethnischen Schranken für den Bereich der Gemeinde zielte, wäre demgegenüber dann tatsächlich etwas Neues[30]. Die Möglichkeit, im Raum dieser Gruppen von Jesus-Gläubigen als gleichwertiger Mensch anerkannt zu sein, muß den neuen Heilsglauben für die Sklaven wohl zusätzlich attraktiv gemacht haben. Man wird hier mit einen Grund für den Zulauf aus dieser untersten sozialen Schicht der antiken Gesellschaft zum Christusglauben zu sehen haben, vorbereitet von dem „immer stärkeren Zug" der antiken Sklavenreligion „zur Gemeinschaftsbildung, der von losen Vereinigungen zur Kostenaufbringung für Opfer, Weihungen und Begräbnisse bis zu festorganisierten Kollegien und Kultgemeinden reicht"[31].

[28] So z.B. bei Haufe, Beurteilung 607ff, und Schulz, Ev.Komm. 5 (1972) 13f.

[29] Bömer, Untersuchungen I 178.

[30] „Konsequent auf religiösem Gebiete verfochten hat den Gedanken der religiösen Brüderlichkeit offensichtlich allein das Christentum, das die Voraussetzungen dafür nicht im geistigen Gut der Antike vorfand, sondern aus dem Judentum mitbrachte": Bömer, Untersuchungen I 179.

[31] Lauffer, Sklaverei 379, mit Verweis auf die sorgfältige und fundierte Forschungsarbeit von F. Bömer, aaO. 29ff, 46f, 78ff, 105–109. Nach Lauffer war auch das Christentum „in hohem Maß eine solche Sklavenreligion" (S. 379), und weiter: „Im Christentum verbarg sich die größte und erfolgreichste Sklavenbewegung der antiken Welt" (S. 380).

II. Die antike Sklaverei im sozialgeschichtlichen Zusammenhang des antiken Oikos

Ein sachgerechtes Urteil über die Einstellung des frühen Christentums zur Sklaverei würde durch eine einigermaßen detaillierte Kenntnis der sozialen Schichtung der frühchristlichen Gemeinden nicht wenig gefördert. Aber entsprechende Nachrichten sind spärlich und so lückenhaft, daß die Antworten, die die Forschung in dieser Frage bisher zu geben vermochte, geradezu widersprüchlich ausfallen konnten. Sie reichen von der umsichtigen Feststellung, das hellenistische Urchristentum sei „weder eine proletarische Bewegung unterer Schichten gewesen, noch eine Angelegenheit gehobener Schichten"[1], bis hin zu der riskanten Annahme, das Christentum sei „in hohem Maß" eine Sklavenreligion gewesen und habe sich von Anfang an besonders an die Sklaven gewandt[2]. Daß mit derlei sozialgeschichtlichen Auskünften – sofern sie zuverlässig sind – zugleich die sozialethische Fragestellung ein Stück weitergebracht wäre, ist unschwer einzusehen. Aber da halbwegs verläßliche Zahlen zur sozialen Schichtung frühchristlicher Gruppen offensichtlich nicht zu gewinnen sind, ist der Sache von hier aus schwerlich beizukommen.
Dennoch gibt es einen sozial- und gesellschaftsgeschichtlich bedeutsamen Anknüpfungspunkt, der im Zug einer sich verstärkenden soziologischen Betrachtungsweise des Frühchristentums in jüngster Zeit zunehmend in den Blick kommt. Trifft es nämlich zu, daß wir es bei den christlich gewordenen Sklaven vornehmlich mit Haussklaven zu tun haben[3], dann ist unsere Fragestellung in einen weitreichenden Zusammenhang antiker Sozialgeschichte gerückt. Denn der Begriff „Haus" (= *oikos*) im Sinn von „Haushalt" – dem entspricht dann die „Haushaltführung" (= *oikonomia*) – verweist auf „die elementare Sozial- und Wirtschaftsform schlechthin nicht nur der Antike oder gar nur des Neuen Testaments, sondern vermutlich aller vorindustriellen seßhaften Kulturen"[4]. Um das hier schon anzudeuten: die Tragweite, die der antike Oikos für urchristliche Mission und frühkirchliches Leben hat, wird an der sogenannten Haustafelparä-

---

[1] G. Theißen, Soziale Schichtung, in: ders., Studien 267. H. Kreissig, Eirene 6 (1967) 100, veranschlagt „die Bedeutung der Sklaven im Frühchristentum des 1. Jh. trotz ihrer vielleicht hohen Zahl als geringfügig".
[2] Lauffer, Sklaverei 379.
[2] Vgl. u. III, 49–62.
[4] Lührmann, Haustafeln 87.

nese der spätneutestamentlichen Zeit und der apostolischen Väter mit ihrer verhältnismäßig umfangreichen Mahnung an die Sklaven eindrucksvoll sichtbar[5].

1. DAS ANTIKE OIKONOMISCHE SCHRIFTTUM

Es gibt ein spezifisches antikes Schrifttum, das mit Vorzug der Ort ist, wo über die Sklaven gesprochen wird, die sogenannten oikonomischen Schriften. Sie sind die literarisch-moralphilosophische Spiegelung der sozialen Realität des antiken Oikos, des antiken „Hauses" als einer autonomen sozialen und wirtschaftlichen Einheit und als des Grundgefüges der antiken Gesellschaft. Die Lehre vom „Haus", die die oikonomische Literatur nach der wirtschaftlichen Seite hin wie in der Frage der zwischenmenschlichen Beziehungen bietet, darf also von vornherein nicht als reine Theorie begriffen werden. Sie reflektiert vielmehr vom philosophischen Standpunkt des jeweiligen Autors aus eine soziale und gesellschaftliche Wirklichkeit. Ebenso dürfen dann später die sogenannten Haustafeln des frühen Christentums nicht lediglich nach ihrer literarischen Eigenart und Herkunft befragt werden. Die Ethik im Gewande der Haustafeln – in unserem speziellen Fall die Sklavenparänese – kann angemessen erst dann bewertet werden, wenn der Zusammenhang mit dem Oikos und seiner Bedeutung für die antike Gesellschaft gesehen wird.

Die literarischen Zeugnisse für die antike Oikonomik erstrecken sich von der Sophistik und Sokratik bis zum Neupythagoreertum, also bis hinein in die Zeit des frühen Christentums, und begegnen mehr oder weniger umfangreich so gut wie in allen bedeutenden philosophischen Richtungen und Strömungen. Über die frühesten Lehren über den Oikos in der Sophistik und Sokratik sind wir nur indirekt unterrichtet[6]. So formuliert etwa Protagoras als Ziel seiner Unterweisung des Hippokrates in Platons Protagoras-Dialog u.a. die Kenntnis „über das Hauswesen (περὶ τῶν οἰκίων), wie er am trefflichsten sein eigenes Haus verwalte"[7]. Dem Gorgias-Schüler Menon war an jener Fähigkeit gelegen, mit der man „die Häuser und die Staaten recht verwaltet" (τάς τε οἰκίας καὶ τὰς πόλεις καλῶς διοικοῦσι)[8]. Nach dem Sokrates-Schüler Xenophon suchten die

[5] Näheres s.u. II 2.
[6] Vgl. dazu Klees, Herren 56ff.
[7] Plat. Prot. 318e.
[8] Plat. Men. 91a.

jungen Leute bei Sokrates vor allem die Fähigkeit zu erwerben, mit dem Haus, den Hausgenossen, den Verwandten (οἴκῳκαὶ οἰκέταις [Sklaven?] καὶ οἰκείοις), den Freunden, der Polis und den Bürgern recht umzugehen“[9]. Man darf mit Recht annehmen, daß die Thematik selber noch weiter zurückreicht als diese frühesten literarischen Bezeugungen und daß die literaturgewordene Lehre vom „Hauswesen“ einen reichen tradierten Erfahrungsschatz aufgreift und – je nach Schule und Richtung – populär-philosophisch aufarbeitet. Platon und, weit umfangreicher und ausführlicher noch, Aristoteles behandeln die Oikonomik im sachlich ursprünglichen Zusammenhang mit der Politik[10]. Der Klassiker der Literatur zur antiken Oikonomik ist der „Oikonomikos“ des Sokrates-Schülers Xenophon, die früheste uns erhaltene oikonomische Schrift, die das Thema selbständig abhandelt. Wie anhaltend und intensiv ihre Wirkungsgeschichte war, veranschaulicht eindrucksvoll ihre Übersetzung durch Cicero[11]. Die Nachwirkung des Aristoteles in diesem Themenbereich belegt die aus der peripatetischen Schule hervorgegangene Schrift „Oikonomika“ I des Pseudo-Aristoteles[12]. Im 1. Jh. v. Chr. setzt sich der Epikureer Philodemos in seiner Schrift περὶ οἰκονομίας mit der Oikonomik des Xenophon und des Pseudo-Aristoteles auseinander[13]. Wenn der Stoiker Hierokles unter anderem Themen erörtert wie die Pflichten des Mannes im Hauswesen und in der Ehe, gegenüber Eltern, Geschwistern und Verwandten[14], dann wird man darin ein Indiz dafür sehen dürfen, daß überhaupt die sogenannte Pflichten- oder Beziehungsethik der Stoa, die – gern unter dem Vorzeichen „des Sich-Gehörenden“ (τὸ καθῆκον) –

---

[9] Xen. Memor. I 2,48.

[10] In dieser Hinsicht beide ausführlich erörtert bei Klees, Herren 142–181 u. 181–227.

[11] Cicero bemerkt Off. II 87, er habe diese Übersetzung in einem Alter angefertigt, in dem jetzt sein Sohn stehe. Nach RE VII A/1, 1104, fällt die Übersetzung dann in das Jahr 85 v. Chr., in dem Cicero 21 Jahre alt war. Sollte die Übersetzungsarbeit für Cicero lediglich den Wert einer Stilübung gehabt haben (ebd.), wäre auch das noch ein Indiz, daß Xenophons Oikonomikos zu Zeiten Ciceros immer noch Ansehen genoß. Verlorengegangen ist die bei Diog. Laert. 6,16 erwähnte oikonomische Schrift des Sokrates-Schülers und Kynikers Antisthenes, ebenso eine ähnliche Abhandlung des Platon-Schülers und späteren Schulhaupts der Akademie Xenokrates (Diog. Laert. 4,12).

[12] Zum Problem der Verfasserschaft vgl. Klees, Herren 96f.

[13] Vgl. dazu die Ausführungen bei W. Krämer, De Aristotelis qui fertur Oeconomicorum libro primo, (Dissert.) Gießen 1910, 45ff.

[14] Um eine Wiederherstellung der diesbezüglichen Schrift des Hierokles, die zu rechtschaffener Lebensführung anleiten will, bemühte sich K. Praechter, Hierokles der Stoiker, Leipzig 1901.

die Pflichtenkreise des Mannes diskutiert, den antiken Oikos zum sozialgeschichtlichen Hintergrund hat[15]. Für die neutestamentliche Fragestellung wäre dieser Aspekt insofern von Bedeutung, als in der Exegese in dieser stoischen Pflichtenethik formal und inhaltlich eine Vorform der neutestamentlichen Haustafelparänese gesehen wird. Kaum beachtet wurde bisher allerdings der gemeinsame sozialgeschichtliche Hintergrund, der hier wie dort in der literarischen Form sich zu Wort meldet. Großer Beliebtheit schließlich erfreute sich der Themenbereich „Oikonomia" offensichtlich bei den Neupythagoreern, deren Schrifttum aus dem ersten Jahrhundert vor bis erstes Jahrhundert n. Chr. zum Teil in Fragmenten bei Stobaios erhalten ist[16]. So stellt etwa der Oikonomikos des Bryson Überlegungen über das Wesen des Sklaven an[17], während der Theano-Brief praktische Fragen der Behandlung der Sklavinnen durch die Herrin erörtert[18].

Es kann im folgenden nicht die Absicht sein, den hier skizzierten breiten Traditionsstrom oikonomischer Literatur je nach philosophischer Richtung detailliert darzustellen. Eine generelle Charakterisierung, die den Blick freigibt für die dahinterstehende soziale Realität, muß im Rahmen unserer Themenstellung genügen.

---

[15] Daß die Behandlung der Thematik in der Stoa unter entsprechenden philosophisch-anthropologischen Gesichtspunkten erfolgte, sollte nicht von dem Tatbestand ablenken, daß die Fragestellung als solche und die Einzelthemen der stoischen Ethik deutliche Parallelen zur oikonomischen Literatur aufweisen. Erinnert sei z.B. an die in der Haustafel-Exegese regelmäßig zitierte Stelle bei Epikt. Diss. II 14,8: „... die natürlichen und auferlegten Beziehungen bewahren als Sohn, Vater, Bruder, Bürger, Mann, Frau, Weggefährte, Herrschender, Beherrschter".

[16] Vgl. F. Wilhelm, Die Oeconomica der Neupythagoreer Bryson, Kallikratidas, Periktione, Phintys: Rhein. Mus. f. Philol. 70 (1915) 161–223. Es handelt sich dabei durchweg um pseudepigraphische Schriften. Bryson: Stob. IV 28,15, 680f; Kallikratidas: Stob. IV 22,101, 534,1–536,5; IV 28,16, 681,15–684,15; IV 28,17, 684,16–686,15; IV 28,18, 686,16–688,8; Periktione: Stob. IV 25,50, 631,4–632,9; IV 28,19, 688,9–693,9; Phintys: Stob. IV 23,61 u. 61a, 588,17–593,11.

[17] Stob. IV 28,15, 681. Vgl. M. Plessner, Der Oikonomikos des Neupythagoreers ‚Bryson' und sein Einfluß auf die islamische Wissenschaft, 1928.

[18] Text bei Hercher, Epistolographi Graeci 605f,6. Bryson und Theano bespricht unter dem Gesichtspunkt der Sklavenfrage Klees, Herren 138ff.

2. DER PERSONENKREIS DES ANTIKEN OIKOS

Was der Begriff Oikos im Zusammenhang der antiken „Lehre vom Haus" umfaßt, läßt sich einigermaßen deutlich bestimmen[19]. Als Anweisung zur rechten Führung und Verwaltung des gesamten Hauswesens ist die Oikonomik ihrem ursprünglichen Wesen gemäß am Personenkreis wie an der wirtschaftlichen Seite des Oikos in gleicher Weise interessiert. So betont zum Beispiel Xenophon einleitend in seinem Oikonomikos, daß selbst Besitz, der nicht im Gebiet der eigenen Polis liege, zum Oikos gehöre (I 5). Entsprechend ihrer Zielsetzung ist bei den Stoikern und Neupythagoreern eine stärkere Konzentrierung auf den anthropologisch-moralphilosophischen Aspekt zu beobachten, was sich in einer größeren Nähe zu den neutestamentlichen Haustafeln auswirkt[20].
Hinsichtlich des Personenkreises nennt Aristoteles an der Stelle, an der er im Rahmen seiner Politika auf die Oikonomia zu sprechen kommt, Sklaven und Freie als zu einem „vollständigen Haus" gehörig[21]. Dann differenziert er in die drei Relationen Herr–Sklave, Mann–Frau, Vater–Kinder[22]. Im Oikonomikos des Xenophon wird die Relation Vater–Kinder nicht diskutiert, um so ausführlicher dagegen die beiden anderen[23].
Man ist bei dieser Skizzierung des Personenkreises sofort an die sogenannte Beziehungsethik der Stoa erinnert. Auch wenn das Thema nicht die rechte Führung und Verwaltung des Hauses ist, weicht die Aufzählung der Relationen, die die moralphilosophischen Überlegungen des Stoikers interessieren, nicht gravierend vom Personenkreis des oikonomischen Schrifttums ab. So nennt Epiktet als auferlegte Beziehungen die „als Sohn, Vater, Bruder, Bürger, Mann, Frau, Nachbar, Weggefährte, Herrschender, Beherrschter"[24]. Beachtet man, daß der ursprüngliche Ort der Oikonomik wie noch bei Aristoteles die Politik ist, dann fällt die Erwäh-

---

[19] Strittiger ist die Frage offensichtlich da, wo es um den zum Oikos gehörenden Personenkreis, die Hausgemeinschaft im engeren Sinn geht, wie die exegetische Diskussion um die Taufe des „ganzen Hauses" vor Augen führt. Vgl. Klauck, Hausgemeinde 15–20.

[20] Hier könnte die Ursache liegen, weshalb die Exegese den größeren Zusammenhang der neutestamentlichen Haustafeln mit der antiken Oikonomik bisher nur spärlich in den Blick bekommen hat.

[21] Pol I 3, 1253b 3f: οἰκία δὲ τέλειος ἐκ δούλων καὶ ἐλευθέρων.

[22] Ebd. 1253b 4–12.

[23] Oik. VII 12 erwähnt die Kindererziehung als gemeinsame Aufgabe der Eltern: „Wenn Gott es einmal gibt, daß uns Kinder geschenkt werden, dann werden wir darüber beraten, wie wir sie am besten erziehen werden".

[24] Diss. II 14,8.

nung des Bürgers in der von Epiktet aufgestellten Reihe von Relationen nicht allzu sehr aus dem Rahmen. Daß mit den beiden Schlußgliedern „Herrschender–Beherrschter“ die Relation Herr–Sklave zumindest implizit angesprochen ist, dürfte ebenfalls kaum zweifelhaft sein. Noch eindeutiger steht der Personenkreis der Oikos-Wirklichkeit im Hintergrund, wenn Seneca von einer philosophischen Tradition weiß, die dem Ehemann sagt, „wie er sich gegenüber der Gattin zu verhalten habe, dem Vater, wie er die Kinder erziehen soll, dem Herrn, wie er die Sklaven anzuleiten hat“[25].

Das stoische oikonomische Schrifttum selbst ist im übrigen zu fragmentarisch erhalten, als daß die Erörterung über die menschlichen Beziehungen innerhalb des Oikos noch differenziert genug in den Blick zu bekommen wäre. Daß der Horizont nicht wesentlich anders abgesteckt ist als etwa bei Xenophons Oikonomikos, bestätigt Stobaios, wenn er von der stoischen Oikonomik weiß, neben der Sorge für Aufwand, Arbeit, Besitz habe sie auch die Sorge um die auf dem Feld Arbeitenden zum Inhalt gehabt[26]. Der Abschnitt „Oikonomikos“ im Werk des Hierokles hat nach den bei Stobaios erhaltenen Fragmenten offensichtlich ziemlich ausgiebig die Arbeitsteilung zwischen Mann und Frau nach innerem und äußerem Bereich besprochen[27]. Es ist anzunehmen, daß in diesem Rahmen ein Abschnitt über das Verhältnis Herr–Sklave nicht gefehlt hat. Wenn dieses Werk des Hierokles unter anderem auch Kapitel über das Verhalten gegen die Götter, über die Pflichten als Bürger oder über die Bruderliebe kannte[28], dann hat es im Sinn des hier zu Beweisenden sein Gewicht, daß zum Beispiel auch in der Oikonomik des Xenophon solche Themen angesprochen werden. Danach gehört es zu den obersten Pflichten des Hausherrn, die Götter zu verehren, ferner die Freunde zu unterstützen und je nach Vermögen die Polis mit dem Erforderlichen auszustatten[29]. Auch Epiktet zählt ja neben den zu beachtenden menschlichen Beziehungen, die direkt in der Oikos-Wirklichkeit begründet sind, etwa die

---

[25] Ep. 94,1: „Eam partem philosophiae, quae dat propria cuique personae praecepta nec in universum componit hominem, sed marito suadet quomodo se gerat adversus uxorem, patri, quomodo educet liberos, domino quomodo servos regat, quidam solam receperunt . . .“.

[26] Stob. Ecl. II 95,9 W; abgedruckt bei Arnim, Fragmenta III 623, 159f.

[27] Vgl. dazu Praechter, Hierokles 64ff.

[28] AaO. 8.

[29] Oik. XI 8f. In I 14 werden die Freunde – allerdings unter dem Nützlichkeitsstandpunkt – in das „Hauswesen“ miteinbezogen und XI 17 spricht von der Aufgabe der körperlichen Ertüchtigung des Hausherrn, um im Kriegsfall für den Staat bereit zu sein.

Pflichten gegenüber den Göttern und dem Vaterland auf[30]. Eine der umfangreichsten dieser Pflichtenreihe, die zugleich sehr intensiv am „Hauswesen“ orientiert ist, steht in den Ausführungen des Pseudo-Plutarch über die Kindererziehung. Sie ist deshalb bemerkenswert, weil sie neben dem χρηστέον (= das sittlich angemessene Verhalten) gegenüber den Göttern, den Eltern, den Alten, den Gesetzen, den Herrschenden, den Freunden, den Frauen, den Kindern eigens auch das χρηστέον gegenüber den Sklaven zur Sprache bringt[31]. Im übrigen liebt es die stoische Popularphilosophie, einzelne zwischenmenschliche Relationen eigens abzuhandeln. Bevorzugter Topos ist das Verhältnis Mann–Frau in der Ehe[32]. Über die Beziehung Herr–Sklave reflektiert auch Seneca in seiner Epistula ad Lucilium 47. Vielleicht darf man in dieser Themenbevorzugung doch einen Hinweis sehen, wie das anthropologische und moralphilosophische Nachdenken der Stoa, – auch wenn es von anderen Voraussetzungen herkommt und nicht um das Thema „Hauswesen“ kreist –, dennoch die soziale und wirtschaftliche Realität des antiken Oikos zum ursprünglichen Hintergrund hat.

Eine Bestätigung für die Richtigkeit dieser Vermutung liefert das oikonomische Schrifttum der Neupythagoreer. Seinem literarischen Genus entsprechend weiß es sich zwar durchaus der Tradition der oikonomischen Literatur verpflichtet, womit der Umfang der zu besprechenden menschlichen Beziehungen mehr oder weniger festgelegt ist. So bleibt etwa Bryson in seinen theoretischen Überlegungen über Wesen und Funktion des Sklaven im Rahmen des Oikos deutlich auf der seit Aristoteles und Xenophon vorgezeichneten Linie der Oikonomik[33]. Danach ist es die Bestimmung des Sklaven „nach der Natur“ – daneben nennt Bryson noch den Sklaven nach dem Gesetz und den der Leidenschaft –, seinem Herrn die schweren körperlichen Arbeiten zu leisten. Ansonsten ist für ihn der Sklave weder der Tüchtigkeit noch der Schlechtigkeit fähig. Nichts Neues ist es zum Beispiel auch, wenn Kallikratidas in dem Begriff „das ganze Haus“ Menschen und Besitz einbezieht und den Kreis der zum Oikos gehörenden Menschen mit den Blutsverwandten, den angeheirateten Verwandten und den Freunden umschreibt[34] oder wenn er die Gewalt des

---

[30] Diss. II 17,31 und III 7,26.

[31] Plutarch, Über die Erziehung von Kindern (Griechisch und Deutsch) [2]1947, 10,35 ff. Neben der Bezeichnung δοῦλος erscheint an dieser Stelle der Begriff οἰκέτης, die spezielle Bezeichnung für den Haussklaven.

[32] Vgl. dazu den Exkurs bei Praechter, Hierokles 121–150.

[33] Stob. IV 28,15, 680 f.

[34] Stob. IV 28,16 681.

Hausherrn dreifach differenziert, in eine despotische, eine aufseherische und eine politische[35]. Zugleich aber kommen diese Neupythagoreer neben ihrer Gebundenheit an die oikonomische Tradition in manchem auch Tendenzen stoischer Popularphilosophie sehr nahe, so etwa in der Art, wie Periktione[36] und Phintys[37] die Pflichten der Frau im Rahmen des Oikos diskutieren oder wie der Theano-Brief[38] das Verhältnis Herrin–Sklaven behandelt. Ähnlich geht der Oikonomikos des Kallikratidas mit seinen Einwänden gegen die viel Besitzenden, mit seiner Erörterung des Verhältnisses Mann–Frau und mit seinem Verständnis der Gewalt des Hausherrn[39] in moralphilosophisch interessierter Manier zum Beispiel über den Oikonomikos des Xenophon hinaus, der erklärtermaßen den wirtschaftlichen Aspekt des „Hauswesens" zum Leitgedanken hat[40] und die menschlichen Beziehungen unter dieser Perspektive bespricht[41].
Schließlich verweist der Personenkreis, der mit dem Schrifttum der oikonomischen Tradition in den Blick kommt, auf eine jüdisch-hellenistische Tradition, die ähnlich wie die Beziehungsethik der Stoa nicht das „Hauswesen" zum Thema hat, die sich in paränetischer Intention aber dennoch sehr deutlich auf den Personenkreis des Oikos konzentriert. So kommt Philo in seiner Abhandlung „Über den Dekalog" 165 vom Gebot der Elternehrung her zu den Relationen Alte–Junge, Herrschende–Untergebene, Wohltäter–Empfänger, Sklaven–Herren. Ganz aus der Sicht des Mannes und Hausherrn und zugleich ganz in Nähe zu stoischer Moralphilosophie ist die Pflichtenreihe im Traktat „Über die Nachkommenschaft Kains" 181 entworfen: „Wertschätzung der Eltern, Sorge für die Frau, Erziehung der Kinder, tadelsfreie Behandlung der Sklaven[42], die Wahrnehmung der Vollmacht über das Hauswesen, Ratsstellung in der Polis, Festigung der Gesetze, Wache über die Sitten, Achtung vor den Älteren, der gute Ruf der Toten, Anteilnahme hinsichtlich der Lebenden, Gottesfurcht in Wort und Tat". Wie in der Oikonomik und wie in der

---

[35] Stob. IV 28,18 686. Vgl. dazu etwa Arist. Pol. I 5, 1254b 3f.

[36] Stob. IV 25,50 u. 28,19, 688,9–693,9. Zur Möglichkeit der Rekonstruktion der Schrift aus Stobaios-Fragmenten vgl. Wilhelm, Oeconomica 685f.

[37] Stob. IV 23,61 u. 61a, 588,17–593,11.

[38] Hercher, Epistolographi Graeci 605f, 6.

[39] Die Stellen b. Stob. s. o. Anm. 16.

[40] Oik. I 2: „Es dünkt mir, sagt Kritobulos, eines guten Oikonomos Aufgabe sei es, sein eigenes Haus gut zu bewirtschaften „(. . . εὐ οἰκεῖν τὸν ἑαυτοῦ οἶκον).

[41] Unverzichtbar zur Frage der Oikonomik der Neupythagoreer ist der Beitrag von Wilhelm, Rhein. Mus. f. Phil. 70 (1915) 161–223.

[42] Wie sehr Philo an dieser Stelle aus der Sicht des Hausherrn spricht, verrät der Begriff οἰκέτης als spezielle Bezeichnung für den Haussklaven.

Stoa werden demnach auch bei Philo in der Reihe der Pflichten, die die Stellung des Hausherrn mit sich bringt, die gegenüber Gott und die als Bürger ins Blickfeld gerückt. Das Mahngedicht des Phokylides – einem hellenistischen Juden etwa 30 v. bis 40 n. Chr. zugeschrieben[43] – orientiert sich in seinem Schlußteil (175–227) am gleichen Schema menschlicher Beziehungen, das auf die soziale und gesellschaftliche Realität des antiken Oikos verweist: Mann–Frau, Eltern–Kinder, die im weiteren Sinn zum „Haus" gehörenden Freunde und Verwandten, Herren–Sklaven. In seiner Apologie des Judentums „Gegen Apion" (2,198–210) apostrophiert Flavius Josephus ein Verhalten als in der Thora begründete Lebensordnung, das sich an den Pflichten gegen Gott, den Ehegatten, die Kinder, die Verstorbenen, die Eltern, die Freunde, die Fremden ausrichtet. In gut oikonomischer Tradition erwähnt der hellenistisch-jüdische Jesus Sirach in einem Abschnitt, in dem der Mann auf seine Pflichten gegenüber Freund, Bruder, Frau, Sklave, Kinder, Eltern, Gott, Vorgesetzte, Verstorbene, Hilfsbedürftige angesprochen wird (7,18–36), auch die Sorge für das Vieh (V. 22). Wo der Text als Beleg für eine in der Umwelt des Neuen Testaments vorhandene Vorform der neutestamentlichen Haustafeln beigebracht wird, wird V. 22 geflissentlich übergangen. Beugt man sich aber der Einsicht, daß das Letzterreichbare hinter derlei Texten nicht die Tradierung einer literarischen Form ist, sondern daß sich in der literarischen Form die für die antike Gesellschaft fundamentale Realität des „Hauses" und des „Hauswesens" zu Wort meldet, dann versteht sich die Erwähnung der Sorge für das Vieh im Kontext von Sir 7,18–36 beinahe von selbst.

Damit sind im Grunde die Konsequenzen schon genannt, die sich aus den vorausgehenden Textvergleichen ergeben. Die Zitate aus Epiktet, Seneca, dem hellenistischen Judentum sind der Exegese seit langem vertraut als Belegstellen in der Frage nach Herkunft und Tradition des neutestamentlichen Haustafelschemas. Doch seitdem M. Dibelius diesen Weg gewiesen hat[44], ist die Forschung nur noch in Nuancen weitergekommen, weil sich die Diskussion ausschließlich auf das Problem der Herkunft und Tradition der literarischen Form konzentrierte[45]. Auf Grund der bisherigen

[43] Text und Interpretation bei J. Bernays, Über das phokylideische Gedicht, in: ders., Gesammelte Abhandlungen I (hrsg. v. H. Usener), 1885, 192–261.

[44] Vgl. den Exkurs in seinem Kommentar zu Kol 48ff. Erstmals monographisch untersucht hat das Thema sein Schüler K. Weidinger, Die Haustafeln. Ein Stück urchristlicher Paränese, 1928.

[45] Vgl. den Forschungsüberblick bei Gnilka, Kol 207–210.

Beobachtungen dürfte es aber kaum verfehlt sein, den gesamten Fragenkomplex auf dem Hintergrund der antiken Oikonomik zu sehen[46]. Das heißt zugleich, daß die hier gesuchten Antworten nicht allein vom Literarischen und Geistesgeschichtlichen zu erwarten sind, sondern primärer noch vom Verständnis der sozialgeschichtlichen und gesellschaftlichen Sachverhalte her, die sich in der literarischen Form versprachlicht haben.

3. DIE SOZIALE STRUKTUR DES OIKOS

Das eigentlich prägende Merkmal in der Struktur des Oikos als einer autarken wirtschaftlichen und sozialen Einheit ist die herrschaftliche Stellung des Mannes. Sie umfaßt Wirtschafts- und Menschenführung unter dem Aspekt des Wohles des „ganzen Hauses“. Nach antikem Verständnis des „Hauses“ gehört die Frage der zwischenmenschlichen Beziehungen, gesehen aus der Perspektive der sozialen Position des Hausherrn oder Hausvaters, wesentlich zur Oikonomik hinzu. Wenn dann andererseits etwa die stoische Popularphilosophie oder vergleichbare jüdisch-hellenistische Aussagen eine Ethik der zwischenmenschlichen Beziehungen propagieren, die, ohne primär von der Oikonomik auszugehen, ebenfalls von der sozialen Stellung des Mannes her entworfen ist, so dürfte kaum zweifelhaft sein, aus welchem Realitätsbezug solche Ethik lebt[47].

Unter dem Aspekt der herrschaftlichen Stellung des Hausherrn gestalten sich die zwischenmenschlichen Beziehungen in der Weise, daß sie sich gleichsam „in konzentrischen Kreisen als sogenannte Pflichtkreise um die Person des Hausherrn“ legen[48]. Ihm werden im oikonomischen Schrifttum Anweisungen gegeben für den richtigen Umgang mit der Frau, den Kindern, den Sklaven, den Verwandten, den Freunden. Der jüdische

---

[46] Es ist das Verdienst von D. Lührmann, Neutestamentliche Haustafeln und antike Ökonomie: NTS 27 (1980/81) 81–97, auf diesen Zusammenhang aufmerksam gemacht zu haben. Vgl. ders., Wo man nicht mehr Sklave oder Freier ist: WuD NF 13 (1975) 53–83, bes. 76–83. In ähnliche Richtung weist K. Thraede, Zum historischen Hintergrund der „Haustafeln“ des NT, in: E. Dassmann – K. S. Frank, Pietas, FS f. B. Kötting (JAC E 8), 1980, 359–368.

[47] Crouch, Origin 106, läßt von dem Material hellenistischer Moralphilosophie, das Dibelius und Weidinger zusammengetragen haben (s.o. Anm. 44) letztlich nur Seneca Ep. 94,1 (s.o. Anm. 25) gelten, – vor allem wohl deshalb, weil auch er sich zu sehr auf die literarische Form fixiert.

[48] Klees, Herren 56.

Fromme kann auf diesem Weg auch noch die Verstorbenen in den Pflichtenkreis des Hausherrn einbeziehen. Dabei ist es für die soziale Struktur des „Hauses" und der Stellung des Mannes in ihm bezeichnend, wenn in der oikonomischen Literatur nicht die einzelnen Personen oder Personengruppen auf ihre Aufgaben und Pflichten hin angesprochen werden, sondern wenn dies alles über den Hausherrn läuft. So weist zum Beispiel bei Xenophon der Mann seine Frau in ihre Aufgaben im „Haus" ein[49]. Etwas Analoges liegt vor, wenn nach einem bei Eusebius erhaltenen Philo-Fragment es angemessen erscheint, „daß der Mann der Frau und den Kindern der Vater und den Sklaven der Herr die Gesetze lehrend weitergibt"[50].

Der Sachverhalt ließe sich an dem oben skizzierten Textmaterial weiter verfolgen. Die in einem Unter- und Überordnungsdenken konzipierten Relationen Mann–Frau, Vater–Kinder, Herr–Sklave – für die Frage der Herkunft der neutestamentlichen Haustafeln entscheidend wichtig – sind demnach nichts anderes als das Spiegelbild der sozialen Stellung des Mannes im antiken Oikos. Die adäquate Bezeichnung für diese Rolle des Mannes im „Haus" ist οἰκοδεσπότης (Hausherr)[51]. Die lateinische Entsprechung dazu ist der paterfamilias, meist wiedergegeben mit „Hausvater". Dabei darf aber nicht an den familiären Aspekt im modernen Sinn gedacht werden. Denn so wenig wie Oikos steht auch familia für die Familie in unserem Sinn, vielmehr umfaßt der Begriff ganz analog zu οἶκος das gesamte „Hauswesen", also Menschen und Besitz. Der ursprüngliche Sinngehalt von familia scheint überhaupt zunächst vermögensrechtlicher Art gewesen zu sein, um dann auch auf die Personenfamilia überzugehen[52]. So wird es zu erklären sein, daß familia bald für das gesamte Inventar einschließlich der Sklaven stehen kann, bald nur für die Sklavenschaft, dann wieder nur für die freien Personen oder eben auch für den gesamten Hausverband, Personen und Sachen umfassend[53]. In

[49] Im ganzen Kap. Oik. VII schildert Ischomachos im Dialog mit Sokrates, wie er seine junge Frau in ihre Pflichten im Haus eingeführt hat. Die Kindererziehung als gemeinsame Aufgabe kommt dabei ebenso zur Sprache wie der rechte Umgang mit den Sklaven bzw. Sklavinnen und die Sorge für den Besitzstand und die Vorräte.

[50] Euseb. Praep. evang. VIII 7,14.

[51] Im neuen Testament begegnet der Ausdruck ausschließlich bei den Synoptikern, und zwar mit Vorzug in Bildworten und Gleichnissen, z.B. Mt 10,25; 13,27.52; 20,1; 21,33 u.ö.

[52] Vgl. Sohm, Institutionen 263f u. 500 Anm. 1.

[53] So Kaser, Privatrecht I 50ff.

diesem Rahmen ist der paterfamilias derjenige, dem die Autorität über die familia zukommt und der auch in rechtlicher Hinsicht die Vollmacht über das „ganze Haus" ausübt. Wie οἰκοδεσπότης sollte man den Terminus daher statt mit „Hausvater" unmißverständlicher mit „Hausherr" wiedergeben.

Diese Herrschaft des Mannes über den Oikos wird sowohl in der popularphilosphischen Tradition wie im Rechtswesen durchaus differenziert gesehen. Dies wahrzunehmen könnte davor bewahren, die Machtposition des Hausherrn sogleich – und damit verzerrt – aus der typisch modernen Perspektive „Herrschende–Beherrschte" zu bewerten. In dieser Direktheit liegt der antiken Oikonomik und Popularphilosophie gewiß nicht an Herrschaft, an einer Herrschaft um der Herrschaft willen, vielmehr ist die eigentliche Intention das Funktionieren des elementaren Sozialgebildes der antiken Gesellschaft, des „Hauses", mit seinen „vielseitigen sittlichen, religiösen, wirtschaftlichen und sozialen Aufgaben"[54]. So gesehen hat die soziale Machtstellung des Mannes im antiken Oikos sehr viel mit besonderen Fähigkeiten, mit Verantwortung – wenn auch durchaus in patriarchalischen Strukturen - und umsichtiger Sorge für das Ganze zu tun. Von daher versteht es sich vielleicht erst, warum es überhaupt zu der Gattung der oikonomischen Schriften gekommen ist und warum diese literarische Gattung so viel Wert auf die Fähigkeiten des Mannes zu rechter Haushaltsführung legt.

In gut aristotelischer und überhaupt oikonomischer Tradition gliedert etwa der Neupythagoreer Kallikratidas die Herrschaft des Hausherrn in dreifacher Hinsicht[55]. Insofern sie auf den eigenen Nutzen gerichtet ist, ist sie despotischer Natur. Das ist die Art, mit Sklaven umzugehen. Wo es um den gemeinsamen Nutzen der Herrschenden und Beherrschten geht, ist die Herrschaft politisch. Das trifft zu für die Herrschaft des Mannes über die Frau, da ja die Ehe mit dem Ziel der Lebensgemeinschaft geschlossen wird[56]. Aufseherisch schließlich ist die Herrschaft dort, wo

---

[54] Kaser, aaO. 45.

[55] Stob. IV 28,18, 684,16–686,15; vgl. Arist. Pol. I 1254b 3f; dazu Wilhelm, Oeconomica 179ff.

[56] Daß die antike Überordnung des Mannes über die Frau nicht einfach schiere Herrschaft meint, beweist die Aussage, daß diese Herrschaft für den Mann bedeutet, seine Frau zu pflegen und für sie zu sorgen (Stob. ebd.). Ähnlich Schönes ist bei Xen. Oik. VII 42 über das eigentliche Ziel der Einweisung der Frau in ihre häuslichen Pflichten durch ihren Mann zu lesen: „Das Erfreulichste aber von allem wird sein, wenn du (eines Tages) trefflicher dastehen wirst als ich und auch mich zu deinem Diener (θεράπων) gemacht haben wirst und du nicht

und insofern sie um der Beherrschten willen ausgeübt wird. Nur wenn der Hausherr in dieser Weise seine Herrschaft angemessen zur Geltung bringt, ist das Wohl des Oikos gewährleistet. Auch das römische Privatrecht, in dem der paterfamilias zunächst generell die Vollgewalt über alles ausübt, was zum Hausverband gehört, differenziert in verschiedener Hinsicht, je nachdem, worauf sich diese Gewalt richtet. So ist die Gewalt über die Frau und die Kinder familienrechtlicher Art, die über die Sklaven dagegen vermögensrechtlicher Art. Dabei sagen die einzelnen Termini auch etwas über Eigenart und Inhalt der jeweiligen Gewalt aus. „In manu" (in der Hand [sein]) ist die Gewalt über die Ehefrau. Dahinter steht ursprünglich die Vorstellung der beherrschenden und zugleich beschützenden Hand (manus). Die Kinder leben unter der patria potestas, der väterlichen Gewalt, wobei postestas den Aspekt der Herrschaft hervorhebt. Mit dem Begriff mancipium (Eigentumserwerb, Besitz) wird die Gewalt über die Sklaven unter vermögensrechtlichem Gesichtspunkt gesehen. Der Status des Sklaven gegenüber dem paterfamilias ist in mancipio[57]. Nach lexikalischem Ausweis kann mancipium überhaupt als Terminus technicus für den gekauften Sklaven stehen.

Die wenigen Andeutungen mögen genügen, um anschaulich zu machen, daß die soziale Struktur des Oikos bzw. der familia entscheidend auf der Vollgewalt des *oikodespotes* bzw. des paterfamilias gründet und daß Unter- und Überordnung ganz wesentlich zum „Haus" im antiken Sinn hinzugehört. Die gestuften Abhängigkeitsverhältnisse im Oikos zentrieren sich alle um den *oikodespotes* als dem in der Sicht der antiken philosophischen Anthropologie allein dazu Befähigten. Es ist bisher auch immer wieder angeklungen, daß gewichtige Aussagen der Antike zur Sklaverei in den hier skizzierten Zusammenhängen gemacht werden. Dies wird sich für das Verständnis unseres Themas als nicht unerheblich erweisen.

mehr fürchten brauchst, bei zunehmendem Alter weniger geschätzt im Haus zu werden, sondern zuversichtlich sein kannst, daß du, älter geworden, auch um so geschätzter im Haus sein wirst, als du für mich eine Partnerin und für die Kinder eine um so bessere Sachwalterin des Hauswesens wirst".

[57] Zum Ganzen vgl. Kaser, Privatrecht I 56–65.

4. DIE SOZIALE UND RECHTLICHE STELLUNG DES SKLAVEN IM OIKOS

Obwohl die Oikonomik der Ort ist, wo die Antike so thematisch wie sonst nirgends über die Sklaverei informiert[58], fehlt gerade das so gut wie völlig, was man in heutiger Sicht im Rahmen des Sklaventhemas zuerst erwarten würde, eine Auseinandersetzung mit der Sklaverei als einem menschlichen, sozialen und gesellschaftlichen Problem. Ein Problembewußtsein in diesem Sinn fehlt nicht nur in der antiken Lehre vom Hauswesen, sondern, von vereinzelten philosophischen Strömungen hier einmal abgesehen, mehr oder weniger im ganzen antiken Denken. Die Oikonomik behandelt den Sklaven – und überhaupt alle ihre Themen – vom übergeordneten Gesichtspunkt des Oikos und seines Nutzens und Wohles aus. Von der Eigenart des Oikonomikos her beurteilt ist diese literarische Gattung auch gar nicht das geeignete Vehikel zur Verbreitung sozial- und gesellschaftskritischer Ideen. Wer einen „Oikonomikos" schreibt, denkt nicht an Veränderung bestehender Verhältnisse, sondern er denkt empirisch pragmatisch und damit – wenn dieser moderne Maßstab hier erlaubt ist –, sozial konservativ. Aufschlußreich für das Verständnis der Einstellung der Antike gegenüber der Sklaverei ist nun allerdings, daß Grundsätzlicheres und Ausführlicheres zur Sklaverei eben im Zusammenhang der Oikonomik gesagt wird.

Empirisch pragmatisch ist auch und vor allem Aristoteles, wo er sich im Rahmen seiner Oikonomik – diese als Teil der Politik verstehend – zur Sklaverei äußert. Seine theoretischen Erörterungen haben die oikonomische Tradition in dem ganzen hier in den Blick genommenen Zeitraum über die Peripatetiker bis zu den Neupythagoreern, also bis herein in die Zeit des frühen Christentums, nachhaltig beeinflußt. Bekanntlich definiert Aristoteles den Sklaven als „beseelten Besitz" und damit als beseeltes „Werkzeug" in der Hand des Herrn[59]. Die Stelle wird so häufig zitiert, daß man sie kaum mehr zu erwähnen wagt. Während aber nun die Altertumswissenschaft immer bemüht war, die Aussage sachlich in ihrem Kontext zu interpretieren[60], wird in der neutestamentlichen Exegese das Zitat eher wie ein schlagwortartiger Beitrag zur antiken philosophischen

---

[58] Mit Recht bemerkt Wilhelm, Oeconomica 165, daß die Sklaven in keinem Oikonomikos fehlen. Wenn sie fehlen, liegt es an der betreffenden, nur fragmenthaft erhaltenen Schrift.

[59] Pol. I 1253b 32f: ὁ δοῦλος κτῆμά τι ἔμψυχον καὶ ὥσπερ ὄργανον . . . .

[60] Beispielhaft O. Gigon, Die Sklaverei bei Aristoteles, in: Entretiens sur l'antiquité classique 11 (1964) 247–283.

Anthropologie gehandelt als Paradebeispiel für die zynische Menschenverachtung der Antike gegenüber den Sklaven. Das Neue Testament, das den Sklaven wenigstens als Menschen anerkennt, käme demgegenüber immer noch ganz gut weg. Im Kontext gesehen geht es der Stelle aber gar nicht um eine anthropologische Bestimmung des Sklaven, sondern um die Bestimmung seiner Funktion im Oikos[61]. In seinem empirischen Verfahren versucht Aristoteles philosophisch zu definieren und einzuordnen, was er faktisch vorfindet. „Der Sklave, ein beseeltes Werkzeug" ist die philosophierende Umschreibung für den, der, selber rechtsunfähig unter der Vollgewalt des *oikodespotes* stehend und seinen Willen ausführend, zum Nutzen des Oikos eingesetzt wird. Mit anderen Worten: Sofern Oikonomik die Lehre vom wirtschaftlichen Funktionieren des Oikos ist, definiert Aristoteles philosophisch abstrahierend den Sklaven als „beseeltes Werkzeug"[62]. Die Sache als solche ist also keine Erfindung des Aristoteles, sondern neu ist die abstrahierende Definition eines mit der Oikos-Wirklichkeit gegebenen Sachverhalts von den aristotelischen Denkvoraussetzungen her. Ähnliches wäre zu der nicht weniger berühmt-berüchtigten Stelle aus Platon zu sagen, wonach der Sklave zu den κτήματα (Sachbesitz) zu rechnen ist[63]. Auch hier geht es primär nicht um eine umfassende anthropologische Bestimmung, die dem Sklaven das Menschsein generell absprechen möchte, vielmehr ist auch hier aus der übergeordneten Perspektive des „Hauses" gedacht, das die oikonomische Reflexion herkömmlich in Personen und Sachen gliedert, wobei der Sklave unter dem Aspekt wirtschaftlicher Nutzbarkeit dem Besitz zugezählt wird[64].

---

61 Bei Gayer, Sklaven 23ff, z.B. wird diesem für das richtige Verständnis fundamentalen Sachverhalt mit keinem Wort Beachtung geschenkt.

62 Mit Gigon, aaO. 252, könnte man vom „technisch-wirtschaftlichen Aspekt" reden, unter dem der Sklave hier gesehen wird.

63 Plat. Nom. 777b.

64 Allerdings liefert Aristoteles dann doch so etwas wie eine theoretisch-anthropologische Begründung, wenn er vom „Sklaven der Natur nach" redet (Pol.I 1254a 8–1255a 2). Er gewinnt diese Definition wieder mit Hilfe seiner empirischen Methode (1254a 19), indem er vom faktischen Besitz- und Herrenverhältnis ausgeht, um dann unter Verweis auf das Verhältnis Seele–Leib, Mensch–Tier, Männliches–Weibliches zu folgern, daß es Arten gibt, für die das Beherrscht-Werden, weil sie von Natur aus das Geringere sind, auch das von Natur aus Zuträgliche ist. „Auf dieselbe Weise muß es sich nun auch bei den Menschen überhaupt verhalten. Jene, die so weit voneinander verschieden sind wie die Seele vom Körper und der Mensch vom Tier . . ., diese sind Sklaven von Natur" (1254b 16–19). Nach der Art, wie Aristoteles zum „Sklaven von Natur" kommt,

Vom Oikos bzw. der familia her ist auch die privatrechtliche Bestimmung des Sklaven als res (Sache) konzipiert. In juristischer Terminologie heißt daher die Art, in der der Sklave der Hausgewalt des paterfamilias unterworfen ist, „in mancipio" (in Besitz). Entsprechend werden in Zusammenhang mit Sklaven anfallende Rechtsangelegenheiten besitz- und sachrechtlich geregelt. Einen entlaufenen Sklaven bei sich aufnehmen und behalten, konnte zum Beispiel als Diebstahl geahndet werden[65]. In rechtlicher Hinsicht war es daher dem Paulus durchaus nicht anheimgestellt, den entlaufenen Onesimus bei sich zu behalten oder zu seinem Besitzer Philemon zurückzuschicken. Aufs Ganze der rechtlichen Seite gesehen wird man grundsätzlich festzuhalten haben, daß die Rechtssprache, die den Sklaven als res einstuft und seine Gewaltunterworfenheit mit „in mancipio" formuliert, ähnlich wie die philosophischen Definitionen auf ihre Weise Funktion und Stellung des Sklaven im „Haus" widerspiegelt. Der übergeordnete Gesichtspunkt ist auch hier der Oikos bzw., als römische Entsprechung, die familia mit der Zweiteilung in Personen und Besitz, wo der Sklave als Rechtsunfähiger und Rechtloser unter der Vollgewalt des Hausherrn gleich dem Sachbesitz zum Nutzen und Wohl des „Hauses" eingesetzt wird. Es trifft also nicht zu, daß dem Sklaven mit seiner privatrechtlichen Zuweisung zu den res gleichsam auf dem Rechtsweg sein Menschsein aberkannt werden soll. Das Recht ist an einer solchen anthropologischen Aussage nicht interessiert. Tatsächlich reflektiert die antike Oikonomik dann ja auch über eine soziologisch-menschliche Relation, in der der Sklave gegenüber seinem Herrn steht. Was Bestimmungen des Sklaven wie „beseeltes Werkzeug", „lebender Besitz" oder „Sache" im Blick auf die wirtschaftliche Seite des Oikos zum Ausdruck bringen, das spricht sich auf der soziologisch-menschlichen Ebene in dem Begriff δεσπότης (Despot) aus als Inbegriff des Gewaltver-

---

wird man dieses schlußfolgernde Ergebnis eine Doktrin nennen müssen, mit der Bestehendes im nachhinein theoretisch gerechtfertigt wird. In der Tat wendet sich Aristoteles gegen Meinungen, die behaupten, der Natur nach gäbe es keinen Unterschied, sondern „nur durch Gesetz sei der eine ein Sklave, der andere ein Freier", weshalb das Despotenverhältnis „auch nicht gerecht" sei, „sondern gewaltsam" (1253b 20–23). Wenn z.B. der Neupythagoreer Bryson diese Doktrin fraglos übernimmt (Stob. IV 28,15, 680,7ff), mag man darin einen Hinweis sehen, wie sehr sie in das allgemeine Bewußtsein eingegangen war. Die Stoa mit ihrer Idee von der wesenhaften Gleichheit aller Menschen hat ihr widersprochen. Im abendländischen Denken aber hat die Überzeugung von der philosophisch-metaphysischen Begründbarkeit der Ungleichheit der Menschen eine lange Geschichte.

[65] Zum Ganzen vgl. Kaser, Privatrecht I 98ff, 244ff.

hältnisses, dem der Sklave gegenüber seinem Besitzer unterworfen ist. Ursprünglich etymologisch wohl Terminus für die vollmächtige soziale Stellung des Hausherrn generell[66], umschreibt *despotes* spätestens seit Aristoteles die hausherrliche Gewalt speziell gegenüber dem Sklaven. Sofern die Oikonomik das Verhältnis Herr–Sklave erörtert, versteht Aristoteles sie als die Wissenschaft vom Despotenverhältnis[67]. Das Charakteristikum der despotischen Gewalt ist es, daß sie der Herrschende zu seinem Nutzen ausübt, während etwa die Herrschaft über die Frau politischer und die über die Kinder königlicher Natur ist[68]. Offensichtlich ist seither diese dreifache Differenzierung der Hausgewalt und die spezielle Qualifizierung der Gewalt über die Sklaven als despotisch ein fester Topos in der antiken Oikonomik, wie der Neupythagoreer Kallikratidas mit seinen diesbezüglichen aristotelischen Traditionen vermuten läßt[69]. Die *despoteia* ist in diesem Rahmen als die uneingeschränkte Verfügungsgewalt des *oikodespotes* über Menschen verstanden, die unter der wirtschaftlichen Perspektive des Oikos als Rechtsunfähige wie der Sachbesitz eingestuft werden. Es hat dann gewiß seine sozialethische und sozialgeschichtliche Bedeutung, wenn spätestens seit den Pastoralbriefen, aber auch nicht früher, müßte man hinzufügen, der Sprachgebrauch *despotes* in die frühchristlichen Gemeinden Eingang gefunden hat.

Dem Platz des Sklaven in der Abhängigkeitsstruktur des Oikos und seinem Stellenwert hinsichtlich der wirtschaftlichen Belange des „Hauses" korrespondiert eine entsprechende Behandlung des Sklaven. Das oikonomische Schrifttum mit seiner praktischen Orientierung bringt Anweisungen für die rechte Sklavenbehandlung ein reges Interesse entgegen. Aber so wenig in dieser Literatur ein Sklavenproblem im modernen Sinn diskutiert wird, so wenig erscheint darin der Sklave als Ansprechpartner für ein bestimmtes ethisches Verhalten. Aber auch die Frau und die Kinder werden nicht direkt angesprochen. Das bringt die soziale Struktur des „Hauses" mit der übergeordneten Stellung des Hausherrn mit sich, ist also nicht in sich schon ein negatives Spezifikum der Sklavenbehandlung. Es liegt in der Sache selbst, daß die Regeln für eine angemessene Behandlung und den rechten Umgang mit den Sklaven, die dem Hausherrn nahegelegt werden, von der Oikos-Wirklichkeit her konzipiert, primär

---

66 Vgl. Rengstorf, ThW II 47.

67 Pol. I 1253b 9.14–23 u.ö. Auch Platon, Nomoi 777e 3, spricht von der Herrschaft des *despotes* über die Sklaven und vergleicht sie mit der des Tyrannen über die Untertanen.

68 Pol. I 1259a 37–1259b 1.

69 Stob. IV 28,18, 686,16ff.

vom Nützlichkeitsstandpunkt geprägt sind. Aber gerade deshalb geht es nicht an, aus der oikonomisch-rechtlichen Einstufung des Sklaven als „Werkzeug“ und „Sachbesitz“ oder, zusammen mit den Arbeitstieren als zum Inventar der familia gehörig[70], kurzschlüssig eine entsprechend willkürliche Behandlung zu folgern oder darin gar eine indirekte Aufforderung zu solcher Behandlung zu sehen[71]. Eher ist das Gegenteil der Fall. Die genannten Definitionen umschreiben aus ihrer jeweiligen Perspektive den Platz des Sklaven im sozial-oikonomischen Gefüge des antiken „Hauswesens“. Mit diesem Platz ist dem Sklaven, so paradox das für modernes Verständnis zunächst auch klingen mag, im Normalfall eine gewisse Garantie gegeben für eine erträgliche Behandlung. In der Tat produziert die Oikonomik schon in dem Stadium, wo sie literarisch erstmals greifbar wird, Regeln für die Sklavenbehandlung, die zwar vom übergeordneten Gesichtspunkt des Nutzens und Wohles des Oikos und nicht von humanen Erwägungen inspiriert sind, die sich für den Sklaven aber dennoch positiv im Sinn größerer Menschlichkeit auswirken. Sowohl die Behandlung der Oikonomik im Rahmen der politischen Schriften bei Platon und Aristoteles wie die selbständigen oikonomischen Abhandlungen seit Xenophons Oikonomikos kennen solche Regeln. Platon etwa rät um der größeren Willigkeit wegen generell zu richtiger Behandlung der Sklaven, „nicht nur um ihretwillen, sondern aus besonderer Rücksicht der Herren auf sich selbst“. Sie besteht darin, daß man sich den Sklaven gegenüber „nie eine Mißhandlung im Übermut erlaubt, ja ihnen womöglich noch weniger ein Unrecht antut als seinesgleichen“[72]. Theoretischer und abstrakter begegnet der Gedanke bei Aristoteles. Für den „Sklaven von Natur“ ist es das Zuträgliche, vom Besitzer beherrscht zu werden wie ein Teil eines Ganzen, so wie die Seele den Leib beherrscht. Daher bringt die gute Gewaltausübung nicht nur dem Herrn, sondern auch dem Sklaven Nutzen, wie umgekehrt schlechtes Herrschen für beide Teile unzuträglich ist[73]. Pragmatisch sieht Xenophon den größten Nutzen aus den Sklaven für den Oikos gesichert, wenn der Hausherr die hohe Kunst

---

[70] Vgl. Sohm, Institutionen 264.

[71] Der Beitrag von Ch. Haufe, Die antike Beurteilung der Sklaven: Wissensch. Zeitschr. 9 (1959/60) 603–616, ist ein Beispiel für diese Kurzschlüssigkeit.

[72] Nomoi 777d 1-e2. Ähnlich stellt Ps.-Arist. Oik I 1344a 23 die grundsätzliche Regel auf: „Für den Umgang hinsichtlich der Sklaven: Weder soll man sie übermütig sein lassen, noch soll man sie hart behandeln“. Zur Frage der Sklavenbehandlung in der griechischen Oikonomik generell s. die bedeutende Arbeit von H. Klees, Herren und Sklaven, 1975.

[73] Pol. I 1255b 4–15.

der Menschenführung beherrscht. Das Ziel dieser Kunst ist da erreicht, wo die Sklaven zu arbeitswilligem Gehorsam gebracht sind. Die Mittel zu diesem Ziel sind vor allem Lohn und Strafe, Lob und nicht zuletzt das Kalkulieren mit dem Gewinnstreben, das heißt die Gewährung einer Verdienstmöglichkeit. Während Letzteres vor allem für Sklaven zutrifft, die sich als Verwalter eignen (ἐπίτροποι), genügt bei gewöhnlichen Arbeitssklaven unter Umständen schon, „wenn man den Gelüsten ihres Bauches nachgibt“. Dagegen werden Ehrgeizige „auch durch Lob angespornt. Denn manche hungern nicht weniger nach Lob als andere nach Speisen und Getränken“. Auch die Versorgung mit Kleidern wird nach dem Prämienprinzip geregelt[74]. Hier deutet sich auch an, daß die Maßnahmen, die man als die bedeutendste Milderung des Sklavenschicksals in der Antike bezeichnen kann, ebenfalls in einer an den Interessen des Oikos orientierten Sklavenbehandlung ihren Ursprung hat, die Freilassung und die Möglichkeit, sich ein kleines Vermögen mit dem Ziel des Freikaufs zu sparen. Xenophon kalkuliert, wie gesagt, systematisch mit dem Gewinnstreben, und der etwas später schreibende Pseudo-Aristoteles will die in Aussicht gestellte Freilassung als Ansporn verstanden wissen: „Denn es ist gerecht und zuträglich, ihnen die Freiheit als Lohn vor Augen zu halten; denn sie wollen etwas leisten, sofern es einen Lohn gibt und die Zeit begrenzt ist“[75]. Auch im römischen Privatrecht, das heißt im römischen „Haus“ als Rechtsverband haben peculium und Freilassung schon sehr früh ihren festen Platz und gewinnen vor allem im Rom der Kaiserzeit an Bedeutung[76].

So weit die oikonomische Tradition in späteren Jahrhunderten literarisch greifbar wird, ist sie ganz offensichtlich auch in der Frage des Umgangs

---

[74] Oik. XIII 9–12; XIV 9: „Bei welchen ich dagegen bemerke, daß sie nicht nur durch materiellen Vorteil angehalten werden, Gerechtigkeit (= Ehrlichkeit) zu üben, sondern auch den Wunsch haben, von mir gelobt zu werden, diese behandle ich sogleich wie Freie, nicht nur, indem ich sie reich mache, sondern auch dadurch, daß ich ihnen Ehren erweise wie angesehenen Männern“. Die ganzen Kap. XII–XIV sind der Frage der Sklavenbehandlung gewidmet. Auch Ps.-Arist. Oik. I 1344a 29–31 ist der Meinung, man solle den Aufseher-Sklaven an „Ehre“ teilhaben lassen, dem Arbeitssklaven aber „Nahrung in Menge“ gewähren.

[75] Ps.-Arist. Oik. I 1344b 15–17. Platon diskutiert zwar nicht direkt die Bedeutung der Freilassung aus oikonomischer Sicht, es wird aber dennoch sichtbar, daß er die Praxis voraussetzt (Nomoi 915a–c).

[76] Vgl. Kaser, Privatrecht I 115–119, 287f, 293–297; II 132–137. Privatrechtlich ist das peculium ein Sondervermögen, das der paterfamilias dem Gewaltunterworfenen überließ, das rechtlich aber Eigentum des paterfamilias blieb; vgl. Rabel, Grundzüge 21f.

mit den Sklaven ihrem klassischen Ursprung treu geblieben. So ist zum Beispiel auch die ins frühe Christentum hineinreichende neupythagoreische Oikonomik von dem Grundsatz geleitet: Der Sklave ist so zu behandeln, daß er, was Nutzen und Wohl des „Hauses" anlangt, ein guter Sklave ist[77]. Nicht mehr unter oikonomischem, sondern unter religiös-ethischem Vorzeichen begegnet der Grundsatz seit den neutestamentlichen Haustafeln dann auch im frühen Christentum und in der alten Kirche. Die Inhalte hier wie dort sind nicht wesentlich verschieden. Der gute Sklave ist, das versteht sich von selbst, vor allem der gehorsame und damit arbeitswillige Sklave. Das ist der Grundtenor etwa in Xenophons Oikonomikos und das ist auch der Grundtenor der Haustafelparänese mit ihrem Drängen auf ὑποτάσσεσθαι (unterordnen)[78]. Verschieden sind allerdings die Wege, auf denen der Sklave zu einem guten Sklaven gemacht werden soll. Die Oikonomik verspricht sich Erfolg durch geschickten und richtigen Umgang des Herrn mit dem Sklaven, die frühchristliche Verkündigung dagegen appelliert an das ehtisch-religiöse Bewußtsein des Sklaven selbst und nimmt ihn damit als ethisch verantwortliche Person ernst.

Im ganzen lassen die vom Oikos her konzipierten Grundsätze der Sklavenbehandlung einen breiten Spielraum für die konkrete Alltagswirklichkeit, der im Normalfall wohl nach der positiven Seite hin genutzt wurde. Hier war durchaus auch Raum, in dem sich hochstehende menschliche Beziehungen zwischen Herr und Sklave entwickeln konnten. Beispiele von Sklaventreue einerseits und Wertschätzung des Sklaven durch den Herrn andererseits bestätigen dies[79]. Wie ungeschützt und ausgeliefert der Sklave als Rechtloser und Rechtsunfähiger letztlich aber auch im Raum

---

[77] Wohl unter dem Einfluß der Stoa erörtert die Oikonomik auch so humane Werte wie die εὐδαιμονία (Glück) des „Hauses" durch die σωφροσύνη (Besonnenheit) des *oikodespotes*, so der Neupythagoreer Kallikratidas (Stob. IV 22,101, 534,10–536,5; 28,16, 681,15-684,15).

[78] Vgl. Kol 3,11f; Eph 6,5f; 1 Petr 2,18; ferner 1 Tim 6,1. Besonders differenziert auf typische Sklaventugenden abgestellt ist Tit 2,9f: „Die Sklaven sollen sich ihren eigenen Herren in allem unterordnen, gefällig sein, nicht widersprechen, nichts veruntreuen, sondern ganz die rechte Zuverlässigkeit an den Tag legen". Das macht sachlich gegenüber Xenophon keinen großen Unterschied, der neben arbeitswilligem Gehorsam als weitere Sklaventugenden vor allem die εὔνοια (Zuneigung: XII 5–7), die ἐπιμέλεια (Sorgfalt: XII 8–17) und die δικαιοσύνη (Gerechtigkeit im Sinn von Ehrlichkeit: XIV) schätzt.

[79] Vgl. dazu J. Vogt, Sklaventreue, in: ders., Sklaverei und Humanität 82–96. Auch Grabinschriften gewähren hier einen interessanten Einblick; s. dazu Geist, Römische Grabinschriften 58–65.

des Oikos immer blieb, illustrieren nicht nur Einzelbeispiele von Härte und Grausamkeit[80], sondern tritt vor allem dort zutage, wo auf Grund politischer und gesellschaftlicher Vorgänge auch die Struktur des „Hauses“ nicht unberührt blieb. So beschworen die Massenversklavungen im Gefolge der siegreichen Feldzüge und der immer größeren Ausdehnung des römischen Imperiums seit der Blütezeit der Republik einerseits und die Zurückdrängung der herkömmlichen familia durch den aufkommenden Großgrundbesitz andererseits eine der dunkelsten Epochen der antiken Sklavengeschichte herauf[81]. In diesen Zusammenhang gehören die Anweisungen, die Marcus Portius Cato (234-149) in seinem Werk „De agri cultura“ (Über den Ackerbau) gibt. Cato sieht den auf den Latifundien arbeitenden Sklaven ausschließlich unter dem Gesichtspunkt der Rentabilität. Daher befürwortet er schonungslose Arbeit der Sklaven bei ständiger Fesselung, ihren Verkauf bei Alter und Krankheit und ihre Unterbringung im sogenannten ergastulum, das heißt in einer primitiven Massenunterkunft[82]. Das ist nicht mehr der Ton, der aus dem oikonomischen Schrifttum vertraut ist. Aber was hier vorgeschlagen wird, ist auf Grund der Stellung des Sklaven als „Sache“ und „Werkzeug“ eben auch möglich.

5. DER ANTIKE OIKOS IN SEINEM GESCHICHTLICHEN FORTWIRKEN

Der Oikos ist eine Realität, die mehr oder weniger aus dem Blickfeld moderner Betrachtungsweise geraten ist, die aber zurecht als „das grundlegende Sozialgebilde“[83] der antiken Gesellschaft angesprochen werden kann. Allein schon die Tatsache, daß eine Literaturgattung „Oikonomi-

[80] Das meistzitierte Beispiel für Grausamkeit ist ein gewisser Vedius Pollio, ein zu Wohlstand gekommener Freigelassener, der seine Zuchtfische mit Sklavenfleisch fütterte (Seneca, De ira III 40).

[81] Vgl. Brockmeyer, Sklaverei 159–163.

[82] Vgl. de agr.: II 3f gibt der paterfamilias Arbeitsanweisungen für Schlechtwetter-Perioden und Festtage; II 7 erwähnt den Verkauf alter und kranker Sklaven: „... servum senem, servum morbosum, et si aliud supersit, vendat“. Nach LVI und LVII kennt Cato die conpediti, die gefesselten Sklaven. Auf der Linie Cato's liegen auch die beiden anderen bedeutenden Agrarschriftsteller Marcus Terentius Varro (116–27 v.), Rerum rusticarum, und Lucius Junius Moderatus Columella (1. Jh. n.), Rei rusticae libri.

[83] Brunner, „Haus“ 38. Brunner dehnt diese Qualifizierung sicher zurecht auf alle „bäuerlichen und bäuerlich-adeligen Kulturen“ aus.

kos“ oder Περὶ οἰκονομίας (Über die Oikonomia) entstehen konnte, und das lang anhaltende Interesse an diesem Schrifttum sind ein Beweis für den elementaren sozialgeschichtlichen Stellenwert des antiken „Hauses“. Nicht weniger aufschlußreich in diesem Sinn ist der Rang, den das sogenannte Privatrecht mit seiner ursprünglichen Orientierung am Oikos in der alten Welt einnahm[84]. Im Hintergrund des antiken Privatrechts steht ursprünglich das „Haus“ als Rechtsverband. Für den alttestamentlich-jüdischen Bereich trifft die elementare Funktion des „Hauses“ offensichtlich nicht weniger zu wie für den griechischen und römischen. Nach seiner Häufigkeit und seinem Bedeutungsgehalt beurteilt, gehört Oikos zu einem der zentralen Begriffe in der Septuaginta. Von den etwa 2300 Belegstellen stehen ungefähr vier Fünftel im Sinn von „Haus“ als einer wirtschaftlichen und sozialen Größe[85]. Möglicherweise war der Oikos für das alttestamentlich-jüdische Gesellschaftsgefüge und überhaupt für die orientalischen Gesellschaften noch prägender, als das für Griechenland und Rom zutrifft. Gemeinsam jedenfalls ist dem antiken „Haus“ in den verschiedenen Kulturbereichen, daß es sich um einen Personenverband handelt, der zugleich einen autarken Besitz- und Wirtschaftsverband darstellt[86]. Familie und Betrieb bilden in einer Weise eine in sich geschlossene Einheit, daß es sich dabei lediglich um zwei Seiten ein und derselben Sache handelt, eben um den Oikos. Seine soziale Struktur ist bestimmt durch die Gewaltunterworfenheit seiner Glieder unter die Vollgewalt des Hausherrn. Daher ist der Oikos im antiken Gesellschaftsgefüge zugleich ein elementarer autonomer Rechtsverband und als solcher natürlich auch Schutzverband. Gewaltunterworfenheit bedeutete für die Glieder des Oikos nicht nur Unterordnung unter die hausherrliche Vollgewalt, sondern, mit einer durchaus sozialen und gesellschaftlichen Dimension, eben auch Schutz.

Entsprechend seinem Stellenwert im ganzen des Oikos partizipierte daran auch der Sklave. Hier wird der Grund zu suchen sein, warum man in Untersuchungen zur antiken Sozial- und Wirtschaftsgeschichte immer wieder auf die Äußerung stoßen kann, der im antiken Sozialgefüge als

---

[84] Von Bedeutung war vor allem das römische Privatrecht, wie das eindrucksvolle Standardwerk von M. Kaser, Das römische Privatrecht I ²1971, II ²1975, bezeugt.

[85] So Wodke, Oikos 63f.

[86] Für Aristoteles, Pol. I 1252b–1253a 1, ist die vollendete Autarkie erreicht, wenn einzelne Oikoi sich zu Dörfern und mehrere Dörfer sich zum Staat zusammengeschlossen haben. Die Stelle ist zugleich ein Beleg, wie sehr die aristotelische Oikonomik in die Politik eingebunden ist.

Sache rangierende Sklave sei im Prinzip besser gestellt gewesen als etwa der als Person geltende freie Lohnarbeiter[87]. Denn im Rahmen der antiken Oikos-Gesellschaft hatte der Sklave immerhin einen bestimmten Platz und Stellenwert, wogegen der freie Lohnarbeiter, der keinem Oikos angehörte, geschweige denn imstande war, selber einen zu begründen, im buchstäblichen Sinn des Wortes sozial und gesellschaftlich ortlos war. Wieviel er als freie Person dem Sklaven noch voraushatte, mag man zum Beispiel daran ermessen, daß „die Zugehörigkeit zu einem Oikos" in Athen die Voraussetzung der Mitgliedschaft in einem Demos[88] „und damit der Teilhabe am Staate selbst" war[89], oder wenn es für die soziale Ordnung Roms zutrifft, daß die Gesellschaft, geschichtlich greifbar seit der Blütezeit der Republik, aufgegliedert ist in einzelne „Hauswesen" als den „wahren privatwirtschaftlichen Einheiten"[90]. Ursprünglich waren die einzelnen Oikoi gewiß die bäuerlichen Betriebe. Das ist mit der Entstehungsgeschichte der antiken Kulturen und Gesellschaften selbst gegeben und kommt in der Vorliebe der oikonomischen Schriften für die Landwirtschaft deutlich zum Ausdruck. Aber auch der gewerbliche Betrieb, der mit dem Anwachsen ländlicher Siedlungen zu größeren Städten neben dem bäuerlichen an Bedeutung gewann, war seiner Struktur nach ein Oikos. Auch hier handelt es sich um einen Personen-, Besitz- und Rechtsverband, der in seiner sozialen Struktur von der Vollgewalt des Hausherrn und der Gewaltunterworfenheit der einzelnen Glieder geprägt war[91].

Überblickt man, was bisher zur sozialen und wirtschaftlichen Bedeutung des Oikos in der alten Welt skizziert werden konnte, dann ist es in der Tat legitim, die antike Gesellschaft als Oikos-Gesellschaft zu qualifizieren und den Begriff „Haus" oder „Hauswesen" als „Deutungskategorie für die antike soziale und wirtschaftliche Wirklichkeit" einzusetzen[92]. Für das soziologische und sozialgeschichtliche Verständnis des frühen Christentums ist dieser Sachverhalt dann aber von außerordentlicher Bedeutung. Insbesondere wird hier sichtbar, daß es auch bei der Sklaverei nicht um eine herauslösbare sozialgeschichtliche Einzelfrage handeln kann, die sich

---

87 Vgl. etwa Bleicken, Sozialgeschichte I 338f.

88 „Demos" ist die Dorfgemeinde als kleinste Verwaltungseinheit unter einer Polis.

89 H. J. Wolff, Die Grundlagen des griechischen Eherechts, in: E. Berneker (Hrsg.), Zur griechischen Rechtsgeschichte (WdF 45), Darmstadt 1968, 620–654 (Zitat S. 624).

90 Rabel, Grundzüge 17.

91 Vgl. Rabel, aaO. 21.

92 Lührmann, Haustafeln 89.

dann auch noch vorschnell auf dem Hintergrund modernen Menschenrechtsverständnisses erörtern ließe. Das ist schon deshalb nicht möglich, weil es die Sklaven als einheitliche Gruppe im Sozial- und Wirtschaftsgefüge der alten Welt im Sinn moderner Gesellschaftskritik gar nicht gegeben hat. Zu unterschiedlich waren sie nach Herkunft, Sprache und besonders nach Tätigkeit und Bildung, als daß sich eine alle verbindende Solidarität unter ihnen hätte breitmachen können. Vor allem aber kann Sklaverei deshalb nicht als herauslösbarer sozialgeschichtlicher Sonderfall behandelt werden – auch für den Bereich des frühen Christentums nicht –, weil sie in der Perspektive der antiken Oikos-Gesellschaft als Teilaspekt eines Ordnungsdenkens erscheint, für das unterschiedlich ausgeprägte Gewaltunterworfenheit und damit die Ungleichheit der Menschen sozusagen ein selbstverständlicher Aspekt des Weltbildes ist.
So ist denn auch die antike Oikonomik, innerhalb derer sozialgeschichtlich angemessen nach dem Phänomen der antiken Sklaverei gefragt werden kann, nicht eine Wirtschaftslehre oder Wirtschaftswissenschaft im modernen Sinn, sondern sie ist Teil der Philosophie und als solche wesentlich die Lehre von der Herrschaft des Mannes über das Ganze des Oikos, Menschen und Sachen. Aristoteles rückt seine Oikonomik deutlich in den Zusammenhang seiner Philosophie von den verschiedenen Herrschaftsformen: Wo immer Eines aus mehreren sich zusammenfügt, gibt es Herrschendes und Beherrschtes. So herrscht die Seele über den Leib, der Geist über die Seele, der Mensch über das Tier, das Männliche über das Weibliche, der Staatsmann über die Polis und der Herr über den Sklaven, der als dem Willen des Herrn Unterworfener ein Teil des Herrn ist[93]. Es ist nicht schwierig zu erkennen, daß dieses Verständnis von Herrschaft metaphysisch-ontologisch verwurzelt ist. Denn wie gemäß dieser Herrschaft zum Beispiel die Seele das Formgebende, das heißt die Teile zum Ganzen Verbindende ist, so werden gemäß der Herrschaft des Mannes die einzelnen Teile erst zum Oikos[94]. Ohne die Herrschaft des Mannes kein Oikos, könnte man vereinfachend formulieren[95]. Entsprechend ist die Funktion der Herrschaft des Staatsmannes in der Polis. Beide aber, Oikos und Polis, sind von ihrer Herrschaftsstruktur her auf der menschlichen Ebene Analogien zum Kosmos, wo der göttliche Nous

[93] Pol. I 1254a 17–1254b 26.
[94] Vgl. Brunner, „Haus“ 46.
[95] Wenn später Ignatius von Antiochien sagen wird: „Ohne Bischof keine Kirche“, dann gibt er zu erkennen, wes Geistes Kind er mit seiner geschichtswirksamen Begründung des monarchischen Episkopats u.a. auch ist.

das Herrschende und zur Einheit verbindende Prinzip ist. Wo daher die antike Oikonomik nicht nur auf das Praktische gerichtet ist, sondern auch philosophische Theorie ist und sein will, kann man durchaus sagen, daß die Stellung des Mannes im Oikos analog gesehen wird zur Stellung Gottes im Kosmos, Gott hier verstanden im Sinn des metaphysischen Monotheismus der griechischen Philosophie[96]. Der Neupythagoreer Kallikratidas etwa steht mit seinem Verständnis von der Herrschaft des *oikodespotes* ganz in dieser aristotelischen Tradition[97], ebenso das Bryson-Fragment, sofern es die Relation Herr–Sklave reflektiert[98].
In welche sozial- und geistesgeschichtlichen Dimensionen unser Thema, unter dieser Perspektive betrachtet, hineinreicht, deutet sich an, wenn man sich von der Sozial- und Wirtschaftsgeschichte sagen läßt, daß das „ganze Haus" als „das grundlegende Sozialgebilde aller bäuerlichen und bäuerlich-adeligen Kulturen" bis ins 19. Jahrhundert hinein, also bis zur Industrialisierung „das Fundament der europäischen Sozialstruktur" bildete. Und dies beschränkt sich nicht auf den landwirtschaftlichen Bereich, der zugleich „tief in die Stadt" hineinragte, sondern „auch die im Handel und Gewerbe tätige Bevölkerung lebte zum guten Teil im ‚ganzen Haus', kannte keine Trennung von Haushalt und Betrieb"[99]. Von der sozialen Struktur her gesehen besagt „Haus" auch in diesem Kulturbereich Ungleichheit seiner Glieder und Herrschaft des Mannes als des „Hausherrn". Die sogenannte Hausväterliteratur aus dem 16. bis 18. Jahrhundert etwa unterscheidet sich hierin nicht vom oikonomischen Schrifttum der Antike, an das sie anknüpft[100]. Der Hausvater ist der Hausherr im Sinn des *oikodespotes* und des paterfamilias und die entsprechenden Schriften verstehen sich als Lehre vom Hausherrn[101]. So ist das „Haus"

[96] Wenn der nämliche Ignatius (s. Anm. 95) vom monarchischen Bischof sagt, er vertrete die Stelle Gottes in der Gemeinde, dann ist er auch dabei sicher nicht unbeeinflußt von der Gottesvorstellung des metaphysischen Monotheismus der griechischen Philosophie. Zu Anm. 95 u. 96 vgl. aus den Briefen des Ignatius etwa Magn 3,1; Smyrn 9,1; Pol 6,1; Philad 3,2. Es ist sicher kein Zufall, wenn in diesem ekklesiologischen Zusammenhang vom Oikonomos und der Oikonomia die Rede ist, etwa Eph 6,1 oder Pol 6,1.

[97] Stob. IV 28,17, 684,16–686,15.

[98] Stob. IV 28,15, 681,4–14.

[99] Brunner, „Haus" 38 u. 40. Die folgenden Überlegungen sind von dem zitierten Beitrag Brunners angeregt.

[100] Die Überlieferungsgeschichte der oikonomischen Schrift des Neupythagoreers „Bryson", die eine Übersetzung ins Arabische, Hebräische und Lateinische kennt (Plessner, Oikonomikos 9–29), ist ein beredtes Beispiel für das allgemein verbreitete Interesse an der antiken Oikonomik.

[101] Vgl. J. Hoffmann, Die „Hausväterliteratur", 1959.

auch im abendländischen Kulturbereich Ausdruck eines Denkens, für das Herrschaft und damit Ungleichheit der Menschen im Sozialleben zum Weltbild gehört und philosophisch-metaphysisch begründet und begründbar ist, – das Denken einer „Adelswelt", die „auf der Grundlage des Oikos" aufruht[102].

6. DIE FRAGE NACH DEN URSACHEN FÜR DAS VERSCHWINDEN DER SKLAVEREI

In diesen Zusammenhängen ist sachlich der Ort, die Frage nach dem geschichtlichen Ende der Sklaverei zu stellen. In der theologischen Forschung ist es immer noch weitverbreitete und nur selten ernsthaft bestrittene Meinung, die neutestamentliche Botschaft markiere eine Wende, die über kurz oder lang das Ende der antiken Sklaverei herbeiführen mußte und herbeigeführt habe[103]. Es trifft zu, daß in der Kaiserzeit die wirtschaftliche und gesellschaftliche Bedeutung der Sklaverei immer mehr zurückgeht und die Zahl der Sklaven im Verhältnis zur Gesamtbevölkerung abnimmt. Indes ist es in der Sozial-, Wirtschafts- und Rechtsgeschichte ein Allgemeinplatz, daß diese Entwicklung nichts mit dem Einfluß des aufkommenden Christentums zu tun hat, auch und schon gar nicht nach der sogenannten konstantinischen Wende, sondern daß Faktoren politischen und vor allem wirtschaftlichen Wandels dafür verantwortlich sind. Die kompetente Fachliteratur[104] nennt unter anderem das Versiegen der traditionellen Quellen für den Sklavenmarkt, Eroberungskriege und Piraterie. Die Ware „Sklave" wurde immer mehr zur kostspieligen Investition. So geht der Verfall der Sklavenwirtschaft vor allem einher mit dem Verfall des von Sklaven bewirtschafteten, unrentabel gewordenen Großgrundbesitzes. Abhängige Kleinpächter (coloni) ersetzen den Sklaven in der Landwirtschaft oder integrieren ihn in das System des Colonats. Von hier aus geht die Entwicklung weiter zur Feudalstruktur und Leibeigenschaft[105]. Im gewerblichen Bereich werden die Hand-

---

[102] Brunner, „Haus" 49.

[103] Einer der ersten, der dieser irrtümlichen Meinung entgegentrat, freilich ohne viel Resonanz zu finden, ist Overbeck, Sklaverei 158–166.

[104] Vgl. den Forschungsbericht bei Brockmeyer, Sklaverei 198–235.

[105] Vgl. Bleicken, Sozialgeschichte I 335f; Brockmeyer, Sozialgeschichte 112–115; Finley, Wirtschaft 96–108 u. 106f; ders., Sklaverei 149–183; F. Vittinghoff, Die Bedeutung der Sklaven für den Übergang von der Antike ins abendländische Mittelalter, in: Hist. Zeitschr. 192 (1961) 265–272. Literaturüberblick bei Vogt, Bibliographie 45–53.

werker zur Sicherung der Steuerabschöpfung zwangsweise in Berufsverbänden (collegia) organisiert, was in gewissem Sinn das Ende des teilweise auch mit Sklaven betriebenen Privatbetriebs bedeutet[106]. An die Stelle der Sklaverei treten also andere Formen von Abhängigkeit, Unfreiheit und Hörigkeit. Das Zurücktreten der Sklaverei liegt angesichts solcher Entwicklungen deutlich in der Konsequenz wirtschaftlicher und gesellschaftlicher Vorgänge, aber nicht in der Konsequenz einer angeblich vom Christentum unter Rückbesinnung auf die neutestamentliche Botschaft betriebenen Abschaffung der Sklaverei[107]. Abgesehen davon hat die Sklaverei noch durch das ganze Mittelalter hindurch de facto weiterexistiert[108], und die Entdeckung der neuen Welt läutete zugleich auch ein neues Kapitel einer vom christlichen Abendland aus betriebenen Massenversklavung ein, zunächst die der Indianervölker Mittel- und Südamerikas, dann die der Afrikaner im Dreieckshandel Europa–Afrika–Amerika[109]. Widerstand gab es Jahrhunderte lang nur von inoffizieller Seite, von christlichen Missionaren oder einzelnen Sekten wie den Quäkern[110]. Die offizielle Abschaffung der Sklaverei dagegen bahnt sich erst dort an, wo im Zug der abendländischen Aufklärung mit ihrem Menschenrechtsdenken und damit zusammenhängenden Demokratiebestrebungen ein politisch-gesellschaftliches und soziales Gefüge in die Krise gerät, in dem Herrschaft von Menschen über Menschen, Ungleichheit der Menschen untereinander, Unter- und Überordnung metaphysisch-theologisch begründbar war und begründet wurde[111]. In einem so gearteten Weltbild

---

106 Bleicken, Sozialgeschichte I 336 u. II 92–95; besonders Kornemann, RE IV/1, 442–477.

107 Näheres s. u. VI.

108 In vorerst zwei umfangreichen Bänden wurde die Sklaverei im Mittelalter untersucht von Ch. Verlinden, L'esclavage dans l'europe médiévale I: Péninsule Ibérique – France, Brugge 1955; II: Italie. Colonies italiennes du Levant. Levant latin. Empire byzantin, Brugge 1977.

109 Vgl. etwa L. u. Th. Engl, Die Eroberung Perus in Augenzeugenberichten (dtv 1100), München 1975. Es sollte in diesem Zusammenhang nicht übersehen werden, daß erst der Sezessionskrieg 1861/65 mit dem Sieg der Nord- über die Südstaaten die offizielle Abschaffung der Sklaverei in den Vereinigten Staaten durchführbar machte.

110 H.-D. Wendland, in: RGG VI [3]1962, 103f.

111 Der Einfluß der Aristoteles-Rezeption im Mittelalter mag hier verstärkend gewirkt haben. Es ist das Verdienst französischer Aufklärer wie Rousseau, die die Sklaverei in aller Form als mit dem Wesen des Menschen unvereinbar und daher als Unrecht deklarierten. Päpstlicherseits stammt die erste offizielle Stellungnahme gegen die Sklaverei von Leo XIII. aus dem Jahr 1888.

ist die Möglichkeit der Sklaverei – das macht eine vorurteilsfreie Betrachtung der Sklavengeschichte sichtbar – latent immer gegeben.

Der antike und abendländische Oikos aber ist, was seine Struktur betrifft, Indiz für „das Prinzip der Herrschaft im Sozialleben“[112]. Seinen schärfsten Ausdruck findet es in der Sklaverei, die zwar nicht wesentlich zum Oikos gehört, die aber eines seiner verschiedenen Herrschaftsverhältnisse darstellen kann und in der Antike bis tief hinein in die Zeit der alten Kirche in der Regel auch dargestellt hat. Das Zurücktreten und schließliche Verschwinden des Oikos als eines gesellschafts- und wirtschaftsgestaltenden Faktors ist daher nicht nur bedingt vom Auseinanderfallen des ursprünglichen „Hauswesens“ in den gesellschaftlichen Bereich des Betriebes und den privaten der Familie mit Beginn der Industrialisierung[113], sondern zugleich von jenem tiefgreifenden sozialen und gesellschaftlichen Wandel, der mit der Aufklärung im 18. Jahrhundert einsetzt.

Blickt man vom tatsächlichen Verlauf der Geschichte der Sklaverei mit ihrer Verflochtenheit in geistes- und sozialgeschichtliche Zusammenhänge zurück in die Epoche der Begegnung des frühen Christentums mit der antiken Sklaverei, dann wird noch einmal deutlich, wie fast unmöglich es für das frühe Christentum gewesen sein muß, die Sklaverei als herauslösbares Einzelproblem in den Blick zu bekommen. Nur im Rahmen eines sozial- und gesellschaftsrevolutionären Gesamtprogramms wäre es ihm möglich gewesen, gegen die Sklaverei anzugehen. Aber nicht ein solches Programm war die Sache des Urchristentums, für die es angetreten ist, sondern eine eschatologische Botschaft. Daher kann ein historisch vertretbares Urteil – auch wenn dies für modernes Verständnis zunächst ernüchternd klingt – zu kaum einem anderen Schluß kommen als dem: Mit der Forderung zur Gestaltung des Soziallebens nach dem Gebot der Liebe im Rahmen der gültigen Ordnungen hat das Urchristentum auch hinsichtlich der Sklaven in seinen Gemeinden das unternommen, was in seinem Horizont lag und wohl auch nur liegen konnte. Was die Geschichte der Sklaverei kirchen- und theologiegeschichtlich für heutiges Verständnis zum Problem macht[114], beginnt sachlich und zeitlich vermut-

---

[112] Brunner, „Haus“ 43.

[113] Brunner, „Haus“ 42, bemerkt, daß das Wort Familie als Bezeichnung für den privaten Bereich erst im 18. Jh. in die deutsche Umgangssprache eindringt und „jene eigentümliche Gefühlsbetontheit“ gewinnt, „die wir mit ihr verbinden“.

[114] Daß es dieses Problem tatsächlich gibt, bestätigen am meisten jene Theologen der letzten 150 Jahre, die zwar bona fide, aber dennoch geschichtsklitternd das

lich dort, wo die Kirche in Theorie und Praxis soziale und gesellschaftliche Ordnungen in einer Weise zu den ihren macht – gleichsam als Teil der Lehre und des Selbstverständnisses –, daß darin Sklaverei nicht nur faktisch möglich ist, sondern auch naturrechtlich-philosophisch und theologisch gerechtfertigt werden kann[115]. Aus solcher Gebundenheit in die Geschichte mußte der Weg zu der Erkenntnis mühsam sein, daß das mit der neuzeitlichen Aufklärung aufbrechende Menschenrechtsdenken mit seinen sozialen und gesellschaftlichen Konsequenzen so unchristlich gar nicht ist. Vom Boden historischen Urteils aus kann man die Geschichte der Sklaverei im Christentum auch als Ergebnis der unabdingbaren Verflochtenheit der eschatologischen Botschaft in die Geschichte sehen. Wieviele Große, auch große Bewegungen, die Geschichte gemacht haben, aber gibt es, die im Urteil der Geschichte ohne Verstrickung dazustehen vermöchten?

Ende der antiken Sklaverei als Wirkung der christlichen Botschaft darstellen. Vgl. dazu die Auseinandersetzung bei Overbeck, Sklaverei 158–166; neuerdings Weber, Sklaverei 351–354.

[115] Vgl. den Abriß bei H. D. Wendland, RGG VI ^{3}1962, 102f; s. auch u. VI.

III. Sklaven und frühchristliche Oikos-Kirche

Die Thematik der Begegnung des Frühchristentums mit der antiken Sklaverei ist nach ihrer soziologischen Seite hin – um die geht es hier – von einem doppelten Gesichtspunkt bestimmt. Wenn zum einen der Oikos tatsächlich das grundlegende Sozialgebilde der antiken Gesellschaft darstellt, dann kann dies nicht ohne Auswirkungen auf die soziologische Erscheinungsform des Frühchristentums geblieben sein. In Konsequenz davon muß sich dann zum anderen die Begegnung des frühen Christentums mit der Sklaverei zunächst hauptsächlich im Rahmen des Oikos abgespielt haben. Die entsprechenden sozialethischen Implikationen treten unter anderem in den sogenannten Haustafeln zutage.

1. DIE BEDEUTUNG DES OIKOS FÜR DIE FRÜHCHRISTLICHE MISSION

Die soziologisch interessierte Exegese hat es in den letzten Jahren verstärkt bewußt gemacht, daß der antike Oikos als ein sehr entscheidendes Element der urchristlichen Mission und Gemeindebildung zu veranschlagen ist[1]. Das „Haus" ist dabei natürlich weit mehr als nur das Gebäude, in dem man sich versammelt, sondern es fällt vor allem mit all den Dimensionen ins Gewicht, die es in der antiken Gesellschaft auch hat, das heißt, es tritt auch im Rahmen des Frühchristentums als Personen- und Rechtsverband und als autarke wirtschaftliche Größe in Erscheinung. So weiß das Neue Testament verschiedentlich vom Gläubigwerden und der Taufe eines „ganzen Hauses" zu berichten[2]. Es ist gewiß schwierig, wenn nicht unmöglich, zu bestimmen, welcher Personenkreis mit dieser sogenannten Oikosformel jeweils ins Auge gefaßt ist, da es sich dabei nicht um einen juristischen privatrechtlichen Terminus handelt, sondern um Alltagssprache. Angesichts der allgegenwärtigen sozialen und gesellschaftlichen Realität des Oikos im antiken Alltag muß die Redeweise vom „ganzen Haus"

[1] Einer der ersten, der auf die Bedeutung des urchristlichen „Hauses" hingewiesen hat, ist F. V. Filson, The Significance of the Early House Churches: JBL 58 (1939) 105–112. Vgl. ferner Judge, Gruppen 29–38; Lührmann, Haustafeln 91–97. Erstmals monographisch bearbeitet ist das Thema jetzt von H.-J. Klauck, Hausgemeinde und Hauskirche im frühen Christentum, 1981.

[2] Vgl. 1 Kor 1,16; 16,15; Apg 16,15.31–34; 18,8.

ohne präzisierenden Zusatz notwendig unbestimmt bleiben. Vor allem läßt sich an Hand dieser Formel nicht die Frage um die Praxis der Kindertaufe im Urchristentum entscheiden. Die inzwischen eingestellte exegetische Diskussion zu diesem Problem ist eine überzeugende Illustration dazu[3]. Wie sich gezeigt hat, gehören aus der Sicht der antiken Oikonomik zum Haus im engeren Sinn die unter der Hausgewalt des *oikodespotes* Stehenden, nämlich Frau, Kinder und Sklaven. Aber auch im weiteren Sinn dem Oikos Angegliederte können mit der Formel „das ganze Haus" gemeint sein, nämlich Blutsverwandte, angeheiratete Verwandte, gelegentlich auch Freunde. Auch Freigelassene bleiben meist weiterhin in einem Pflichtverhältnis ihrem „Haus" gegenüber[4].

Aber trotz der Unsicherheit hinsichtlich des Personenkreises, der mit dem Gläubigwerden und der Taufe eines „ganzen Hauses" jeweils erfaßt sein könnte, wird aus der Funktion, die solche „Häuser" dann haben, dennoch sichtbar, daß wir es hier in mancherlei Hinsicht mit so etwas wie Basiselementen urchristlicher Mission und Gemeindebildung zu tun haben. In der paulinischen Mission ist der christliche Oikos das Erscheinungsbild der ἐκκλησία (Gemeinde, Kirche). Beides ist zwar nicht identisch, aber im Oikos wird die *ekklesia* empirisch und konkret. Bezeichnend für dieses Verständnis ist die paulinische Wendung ἡ κατ' οἶκον ἐκκλησία, am einfachsten vielleicht wiederzugeben mit „Oikos"- oder „Haus-Gemeinde", Kirche also, die als christlicher Oikos in Erscheinung tritt[5].

Es gibt hinreichend Zeugnisse dafür, daß in ein und derselben Stadt mehrere solcher Hausgemeinden gleichzeitig existierten und daß diese Organisationsform noch weit über Paulus hinaus das organisatorische Stützgerüst des sich ausbreitenden und formierenden Christentums darstellte. Die Grußliste Röm 16[6] kennt mindestens vier solcher Hausgemeinden[7]. Für Korinth läßt sich ein Oikos des Stephanas (1 Kor 1.16;

---

[3] Vgl. den Forschungsüberblick bei Schenke, „Oikosformel" 229–237.

[4] Kaser, Privatrecht I 118f, 298ff; II 137–142. Der alttestamentlich-jüdische Oikos kennt nach dem Zeugnis der LXX die Gruppe der „hausfremd geborenen Anhänger des Hauses", die „im Machtbereich des Hauses" leben oder „auf dem Territorium des Oikos angesiedelt" sind, die πάϱ- oder μέτοιχοι, die Paröken oder Metöken (Wodke, Oikos 71). Vgl. die Septuaginta-Konkordanz von Hatch-Redpath.

[5] Vgl. 1 Kor 16,19; Röm 16,5; Phlm lf; Kol 4,15. Gut gibt Klauck, Hausgemeinde 21, die Wendung wieder mit „‚die sich hausweise konstituierende Kirche'".

[6] Die spezielle Problematik der Ursprünglichkeit von Röm 16 kann hier ausgeklammert bleiben.

[7] Röm 16,5.10b.14.15. Während die Wendung „und die bei ihnen" in V. 14.15

16,15) und, zusammen mit Röm 16,23, einer des Gajus (1 Kor 1,14) ausmachen, ebenso in Verbindung mit Apg 18,8 einer des Krispos (1 Kor 1,14)[8]. Aus der Betonung der Pastoralbriefe, der Bischof (1 Tim 3,4.5) und der Diakon (3,12) sollen als Erweis ihrer Befähigung für das Gemeindeamt ihrem *eigenen* Haus gut vorstehen können, kann man wenigstens indirekt folgern, daß für die Struktur der Gesamtgemeinde einzelne Hausgemeinden von Bedeutung sind. Auch der Vorwurf an die Irrlehrer, daß sie „ganze Häuser durcheinanderbringen, lehrend, was man nicht soll, um schändlichen Gewinnes willen" (Tit 1,10f), weist unstreitig in diese Richtung. Ein Oikos des Onesiphoros, der beim Adressatenkreis einen besonderen Rang eingenommen haben muß, wird 2 Tim 1,16 und 4,19 eigens genannt.
Diese organisatorische Bedeutung des Oikos ermöglicht auch Rückschlüsse auf die soziale Schichtung im Frühchristentum[9]. Wenn das „Haus" für das Urchristentum den Stellenwert hatte, wie das in den Zeugnissen des Neuen Testaments noch sehr deutlich durchscheint, dann ist dies mit ein Argument, der These von der sozialen Niedrigkeit des frühen Christentums mit einigem Vorbehalt zu begegnen. Dies gilt für die ersten Anfänge und erst recht für die Zeit, in der erstmals der alexandrinische Platoniker Kelsos in seiner Schrift 'Ἀληθὴς Λόγος (Wahrer Logos) diesen Vorwurf literarisch-philosophisch gekonnt verewigte (178 n. Chr.) und damit für eine entsprechende Wirkungsgeschichte sorgte[10]. Gewiß mag sich zunächst ein erheblicher Teil der Gemeinden aus den ärmeren sozialen Schichten rekrutiert haben. Paulus bezeugt das selber. In Thessalonike hat er lieber mit harter Arbeit seinen Lebensunterhalt selber verdient, um ja niemand zur Last fallen zu müssen (1 Thess 2,9). Den Korinthern bestätigt er, daß es unter ihnen „nicht viele Weise im irdischen Sinn, nicht viele Mächtige, nicht viele Vornehme" gibt (1 Kor 1,26). Aber da, wo ein Oikos ins Spiel kommt, bedeutet das immer auch einen

---

darauf schließen läßt, daß der ganze Oikos christlich ist, muß man bei der Wendung „aus dem Haus des Narzissos" V. 11b davon ausgehen, daß nur ein Teil der zum „Haus" Gehörenden, darunter nicht der Hausherr selbst, Christen sind.

[8] Vgl. Klauck, Hausgemeinde 30–41.

[9] Eine sorgfältige Analyse für die Verhältnisse in Korinth liegt vor von G. Theißen, Soziale Schichtung in der korinthischen Gemeinde. Ein Beitrag zur Soziologie des hellenistischen Urchristentum in: ders., Studien 230–271. Zur Bedeutung des „Hauses" für diese Fragestellung vgl. ebd. 245–249.

[10] Die Schrift ist nur in der Widerlegung des Origenes „Gegen Kelsos" erhalten. Vgl. C. Andresen, Logos und Nomos. Die Polemik des Kelsos wider das Christentum (AKG 30) Berlin 1955; Vogt, Gymn. 82 (1975) 401–411.

gewissen materiellen Wohlstand und gesellschaftlichen Rang. Es haben also von Anfang an Leute aus sozial und gesellschaftlich gehobeneren Schichten zu den Gemeinden gehört. Wer anders als sie mit ihren „Häusern“ soll materiell und organisatorisch für die frühchristliche Mission und die werdende Kirche das Rückgrat dargestellt haben[11].

Zugleich liegen damit in der Oikos-Struktur des aufkommenden Christentums sozialethische Implikationen von erheblicher Tragweite. Anders als etwa die Mönchsgemeinde von Qumran oder hellenistische Kultgemeinschaften bleibt ein nach „Häusern“ sich formierendes Christentum mitten in der Welt[12] und macht die sozialen und gesellschaftlichen Gegebenheiten zu seinem ureigensten Lebensraum oder, noch präziser formuliert, macht sie sich zu eigen unter dem Vorzeichen des neuen Glaubens. Zugleich wird der Oikos zu dem Ort, wo dieser Glaube aus der Forderung der Bruderliebe heraus eine soziale Integrationskraft und gemeinschaftsbildende Dynamik entfaltet, wie es Vergleichbares in den vielen religiösen Vereinen und Kultgemeinschaften der hellenistischen Welt nicht gibt. Die alle sozialen Schranken – auch die zwischen Herren und Sklaven – überwindende Bruder- und Schwesteranrede ist in diesem Stadium noch nicht erstarrte Formel, sondern sprachlicher Ausdruck des Selbstverständnisses dieser Gruppen. Wie auffallend für die Umwelt die praktizierte Brüderlichkeit war, läßt der Vorwurf sexueller Promiskuität erahnen, der aus der Bruder- und Schwesteranrede abgeleitet wurde[13]. Letztlich offenbart diese ganze Art, wie das Frühchristentum mit dem Oikos soziale und gesellschaftliche Gegebenheiten sich zu seinem Lebensraum macht, ein Selbstverständnis, das unausgesprochen einen gesellschaftlich-sozialen und politischen Anspruch birgt[14].

Relevant ist der christliche Oikos schließlich auch in theologisch-ekklesiologischer Hinsicht. Vor allem Paulus bezeichnet die Arbeit – seine missionarische und die innergemeindliche anderer – bei der Gründung einer Gemeinde und ihrer Weiterentwicklung gern mit *oikodomein* und *oikodome*[15]. Gewiß hat er dabei nicht nur die Aufführung eines Bauwerks

---

[11] Kreissig, Zusammensetzung 99, kommt in seiner anregenden Analyse zu dem Schluß, „daß das Christentum sich im 1. Jh. u. Z. nicht so sehr unter ‚Proletariern‘ oder allein arbeitenden Kleinsthandwerkern oder gar Kleinbauern, sondern vielmehr in den städtischen Kreisen wohlsituierter Handwerker, Händler und Angehöriger freier Berufe ausgebreitet hat“.

[12] Goppelt, Apostolische Zeit 60.

[13] Vgl. Speyer, Vorwürfe 130.

[14] So sieht Lührmann, Haustafeln 86, auch die Relevanz der Haustafeln.

[15] Vgl. Ph. Vielhauer, Oikodome, 1939.

vor Augen, sondern eben auch die Gestaltung eines wohlgeordneten Oikos im umfassenden antiken Sinn. Die griechisch-philosophische Vorstellung einer Gemeinschaft als eines Organismus, die Paulus mit seiner Idee von der Gemeinde als Leib in 1 Kor 14,12–31 aufgreift, liegt im Grunde genommen auf derselben Ebene. Wenn die Pastoralbriefe die Kirche als den Oikos Gottes verstehen (1 Tim 3,15), dann ist auch dies bei näherem Hinsehen mehr als nur „Metaphorisierung des familiären Oikosbegriffs auf die Gemeinde hin“[16]. Denn die Art, wie der Verfasser der Pastoralbriefe die einzelnen Gruppen in ihre Pflichten eingewiesen wissen will[17], ist sehr analog zur Aufgabe des Hausherrn in der antiken Oikonomik. Das heißt nichts anderes, als daß die Kirche der Pastoralbriefe zwar die Grenzen des Oikos sprengt, indem sie mit ihrer im Glauben begründeten sozialen Integrationskraft die verschiedenen sozialen Gruppen zur neuen Gemeinschaft der *ekklesia* Gottes zusammenführt. Aber zugleich bedient sie sich der bewährten Strukturen des Oikos.
Diese wenigen Notizen zum Stellenwert des Oikos im frühen Christentum mögen genügen, um den Rahmen anzudeuten, in dem sich die Sklavenfrage bewegt, sofern man sie vom christlichen Oikos aus angeht.

2. HAUSSKLAVEN UND FRÜHCHRISTLICHE OIKOS-KIRCHE

Mit der gleichen Selbstverständlichkeit, mit der das Neue Testament zu Menschen der verschiedensten sozialen Gruppen und Schichten redet, redet es auch zu der rechtlich und gesellschaftlich untersten Schicht, zu den Sklaven. Gerade diese Selbstverständlichkeit ist für antike gesellschaftliche Verhältnisse alles andere als selbstverständlich, ist aber bezeichnend für das universale Verständnis und den universalen Anspruch, mit dem das Frühchristentum seinen Heilsglauben in die antike Gesellschaft hineingetragen hat.
Es interessiert an dieser Stelle die Frage, auf welchem Weg die urchristliche Verkündigung die Sklaven erreichte und auf welchem Zugang die Sklaven in die Gemeinden gelangten. Nach allem, was sich soziologisch über die Anfänge frühchristlicher Gemeinden ausmachen läßt, kann das in der Regel nur der christliche Oikos gewesen sein. In der Tat handelt es

[16] So Klauck, Hausgemeinde 66. Es ist ohnehin mißverständlich, von einem „familiären Oikosbegriff“ zu sprechen. Familie im modernen Sinn und antiker Oikos sind bei weitem nicht identisch.

[17] Vgl. 1 Tim 3,1–7. 8–13; 5,1–2.3–16. 17–22; 6,1–2a, Tit 2,1–10.

sich überall, wo wir über das Neue Testament Sklaven in urchristlichen Gemeinden begegnen, durchweg um Haussklaven[18] und zwar, da das Christentum sozusagen als Stadtreligion angefangen hat[19], um Sklaven städtischer Haushalte. Mit ihnen erreichte die urchristliche Verkündigung zugleich auch die besser Situierten aus den antiken Sklavenmassen.

Im Zusammenhang unserer Fragestellung ist daher die Erwähnung von der Bekehrung und Taufe „ganzer Häuser“ und von Hausgemeinden im Neuen Testament sicher aufschlußreich. Wo der Hausverband in seinem ursprünglichen Charakter auch als Kultverband und religiöse Einheit[20] zur Zeit des Frühchristentums noch einigermaßen intakt war, bedeutete es kaum etwas Außergewöhnliches, wenn mit dem *oikodespotes* oder paterfamilias das „ganze Haus“ einschließlich der Sklaven zum neuen Glauben übertrat. Die Vorstellung einer solchen Bekehrung eines „ganzen Hauses“ wird zum Beispiel hinter der Erzählung vom Gläubigwerden des römischen Hauptmanns Cornelius Apg 10,1–11,18 sichtbar[21]. Ähnliches gilt für die Purpurhändlerin Lydia aus Thyatira Apg 16,13–15. Sie betrieb ihr Luxus-Textilgeschäft sicher mit Sklaven. V 15 aber sagt ausdrücklich, daß „sie und ihr Haus getauft wurde“, die Sklaven sind also einbezogen. Man darf vermuten, daß dort, wo Paulus von einem christlichen Oikos redet, die Dinge nicht wesentlich anders liegen[22].

Aber offensichtlich waren die Grenzen des Oikos, was seine religiöse Einheit betrifft, von Anfang an durchlässig auch für Sklaven[23], ein für den

---

[18] Terminus technicus für den Haussklaven ist οἰκέτης = der unfreie Hausgenosse; vgl. Lk 16,13; Apg 10,7; Röm 14,4; 1 Petr 2,18. Die gängigste Bezeichnung auch im Neuen Testament ist δοῦλος, die den Sklaven gegenüber dem Freien als den Unfreien qualifiziert. Zum Ganzen vgl. F. Gschnitzer, Studien zur griechischen Terminologie der Sklaverei, 1964.

[19] Allerdings weiß schon Plinius in seiner berühmten Anfrage an Kaiser Trajan zu vermerken: „Denn viele jeden Alters, jeden Standes, auch beiderlei Geschlechts sind jetzt und in Zukunft gefährdet. Nicht nur über die Städte, auch über Dörfer und Felder hat sich die Seuche dieses Aberglaubens verbreitet, aber ich glaube, man kann ihr Einhalt gebieten und Abhilfe schaffen“ (Briefe X 96; ed. H. Kasten 645).

[20] Vgl. Kaser, Privatrecht I 51; Bömer, Untersuchungen I 32f u. 57.

[21] Vgl. besonders 10,2.7.24.48; 11,14.

[22] Vgl. Röm 16,5.10b.14.15; 1 Kor 1,16; 16.15; 1 Kor 1,14 mit Apg 18,8 bzw. Röm 16,23.

[23] Nicht so im jüdischen Oikos, wo aus Erwägungen ritueller Reinheit der Fremdsklave in der Regel beschnitten sein mußte. Wenn daher der Synagogenvorsteher Krispos in Korinth „mit seinem ganzen Haus zum Glauben an den Herrn“ kam (Apg 18,8; vgl. 1 Kor 1,14), waren nach der strengeren jüdischen Vorstellung vom religiösen Charakter des Oikos die Sklaven sicher auch dabei.

Erfolg der frühchristlichen Mission nicht zu unterschätzender Faktor. Diese Durchlässigkeit tritt etwa dort zutage, wo im Unterschied zur Redewendung vom „ganzen Haus" gesagt wird: die (Leute) aus denen (dem Haus) des N. N. Aus solcher Umschreibung wird ersichtlich, daß der Hausherr selber nicht zur Gemeinde gehört, wohl aber etliche aus seinem Oikos. Sofern das nicht engste Familienangehörige sind, können damit eigentlich nur noch Sklaven gemeint sein[24]. Umgekehrt ist es im Haus des Philemon. Der aus der „Hausgemeinde" (Phlm 1f) entlaufene Sklave Onesimus wird erst von Paulus zum Glauben gebracht und dann mit dem sogenannten Philemonbrief als Empfehlungsschreiben an seinen christlichen Herrn zurückgeschickt, das heißt, er war zuvor heidnischer Sklave in einem christlichen Oikos und vermutlich nicht der einzige. Für die Verhältnisse in der Gemeinde des 1 Petr ist mit einer größeren Zahl christlicher Sklaven im nichtchristlichen Haus zu rechnen[25], wie 1 Petr 3,1f ja auch um Frauen in der Gemeinde weiß, deren Männer nicht zur Gemeinde gehören[26]. Der Verfasser der Pastoralbriefe rechnet offensichtlich mit beidem, christliche Sklaven bei christlichen Herren und bei nichtchristlichen[27]. Die Sklavenmahnung im Rahmen der sogenannten Haustafeln Kol 3,18–4,1 und Eph 5,21–6,9 setzen im Grunde ebenfalls beide Möglichkeiten voraus, da diese Paränese ja nicht im Rahmen eines Oikos mit seinen verschiedenen Gruppen ergeht, sondern an die verschiedenen Gruppen gerichtet ist, die zwar die soziale Struktur des Oikos ausmachen, die aber jetzt in der Gemeinde neu zusammengefaßt sind. In dieser neuen Gruppierung können daher Sklaven aus christlichem und nichtchristlichem Oikos zugleich angesprochen werden.

Wir stoßen hier auf einen Freiraum, den der Sklave in der antiken Welt in religiöser Hinsicht offensichtlich hatte. Allein schon soziologisch betrachtet dürfte dieser Sachverhalt für das Verständnis der frühchristlichen Mission, sofern sie es mit Sklaven zu tun hatte, von einiger Tragweite sein. Das Phänomen verdient daher eigens Erwähnung, dies um so mehr, als es die exegetische Forschung meist nur am Rande in ihre Überlegungen einbezieht.

---

[24] Vgl. Röm 16,11. Nicht eindeutig ist Phil 4,22: „Grüßt ... besonders die aus dem Haus des Kaisers". Sklaven des Kaisers konnten im ganzen Imperium tätig sein. In der Finanzverwaltung Ägyptens z.B., das in besonderer Weise dem Kaiser unterstellt war, waren mit Vorzug kaiserliche Sklaven eingesetzt. Vgl. Schubert, Einführung 265.

[25] 1 Petr 2,18–25. Nach V. 19 kennt der Verfasser Sklaven, die um ihrer Glaubensüberzeugung willen seitens ihrer Herren Schikanen ausgesetzt sind.

[26] Das Problem gemischter Ehen taucht übrigens ja schon 1 Kor 7,12–16 auf.

[27] 1 Tim 6,1f. Auch Tit 2,9 ist diesbezüglich nicht festgelegt.

3. RELIGIÖSER FREIRAUM DER SKLAVEN IM RÖMISCHEN IMPERIUM UND FRÜHCHRISTLICHE MISSION

Es ist hier nicht beabsichtigt, in das weite Feld der Sklavenreligiosität einzuführen. Dazu gibt es kompetente Fachliteratur mit verläßlichem Urteil[28]. An dieser Stelle soll nur das Faktum als solches und seine Relevanz für die frühchristliche Mission in wenigen Strichen skizziert und bewußt gemacht werden.

Generell ist im Auge zu behalten, daß der Sklave gerade nach römischer Rechtsauffassung in religiöser Hinsicht anders als in der Oikonomik durchaus als persona anerkannt ist und ihm die Rechtsfähigkeit zugebilligt wird. Daher sind zum Beispiel sein Eid und sein Gelübde bindend und ist sein Grabplatz wie der des Freien locus religiosus[29]. Man könnte vielleicht von einer Art Gleichheit vor den Göttern reden, die im Sozialleben allerdings ohne Auswirkung bleibt. So ist, von bestimmten Ausnahmen abgesehen, den Sklaven die Teilnahme an den offiziellen gottesdienstlichen Feierlichkeiten gestattet. An manchen solcher Festlichkeiten genießen die Sklaven für befristete Zeit Sonderrechte und Sonderfreiheiten, etwa gemeinsame Mahlzeiten und Spiele mit den Herren oder Mahlzeiten mit vertauschten Rollen. In Griechenland geschieht dies vornehmlich im Rahmen des Dionysoskults, in Rom im Zusammenhang der Verehrung des Saturnus[30]. In Athen waren Sklaven von alters her zu den offiziellen Mysterien von Eleusis zugelassen[31]. Im Status des servus publicus (Staatssklave) kann der Sklave zum Beispiel auch im Dienst der offiziellen römischen Priesterkollegien zu Hilfsleistungen im staatlichen Kult abgestellt sein[32]. Die Einbürgerung orientalischer Kulte im Westen des Imperiums ist wenigstens zum Teil von Sklaven mitgetragen. Das bedeutsamste Beispiel dafür ist der Mithraskult, der nicht nur von Sklaven in den

---

[28] Den Rang eines hervorragenden Standardwerks zu diesem Themenkreis hat F. Bömer, Untersuchungen über die Religion der Sklaven in Griechenland und Rom I-IV, 1957–1963.

[29] So Kaser, Privatrecht I 285. Bömer, Untersuchungen I 184, bemerkt dazu, daß es „für diese klaren und einfachen Prinzipien ... in Griechenland nichts Vergleichbares" gibt. Die Belegstelle Ulpian, Digesta XI 7,2 pr., lautet: „Locum in quo servus sepultus est religiosum esse Aristo ait" („Der Ort, an dem ein Sklave begraben ist, ist heilig, sagt Aristo").

[30] Vgl. Bömer, Untersuchungen III 122–127 u. 173–195.

[31] Bömer aaO. 109–118. Die Einschränkung von Büchsenschütz, Besitz 149, es handle sich dabei ausschließlich um Sklaven, die Hellenen waren, wird von Bömer nicht gemacht. Sie läßt sich wohl auch nicht belegen.

[32] Vgl. Eder, Servitus 37–57.

Westen gebracht wurde, sondern sich dann auch eines großen Zulaufs aus dieser Bevölkerungsschicht erfreute, wie das erhaltene Inschriftenmaterial dokumentiert[33]. Im ganzen gesehen heißt das nichts anderes, als daß Sklaven die Freiheit hatten, ihre heimatlichen Gottheiten mitzunehmen und ihren Kult in der Fremde weiterzupflegen, wie ihnen überhaupt die Wahl der von ihnen bevorzugten Privatkulte mit ihren Gottheiten vor allem bei den Römern offensichtlich in bemerkenswertem Umfang frei überlassen blieb[34].

Neben diesen Kultgenossenschaften im engeren Sinn, den Thiasoi, sind für Sklaven vor allem die Vereine (collegia) von Wichtigkeit, in denen sich Menschen aus den unteren sozialen Schichten zusammentun, die collegia tenuiorum, die seit Ende der Republik und vor allem in der Kaiserzeit in großer Zahl in Erscheinung treten[35]. Meist handelt es sich dabei um Begräbnisvereine, die collegia funeraticia, die eine würdige Bestattung ihrer Mitglieder aus Mitteln der Vereinskasse gewährleisteten. Aber auch das Bedürfnis nach gemeinschaftlicher Bindung und nach Geselligkeit und der Gesichtspunkt der Selbsthilfe durch eine Art Unterstützungskasse spielten für diese collegia der kleinen Leute eine nicht unerhebliche Rolle[36]. Mit Kultgenossenschaften im engeren Sinn hat man es hier also nicht zu tun, da ja auch die Sorge um das eigene Begräbnis nicht religiöser Natur war, indem es etwa dem Glauben an Todesüberwindung und Jenseits entsprungen wäre, sondern eher bürgerlich diesseitig interessiert war, das heißt, das Hauptanliegen war es, der Nachwelt menschenwürdig im Gedächtnis zu bleiben. Der Kult spielt in diese collegia funeraticia

---

33 Zusammenstellung und Auswertung bei Bömer, Untersuchungen I 160–172.

34 Trotz des Nachweises, daß Sklaven in bestimmten Kulten besonders zahlreich vertreten sind, kommt Bömer in seinem vierbändigen Werk (s. o. Anm. 28) immer wieder zu dem Urteil, daß die Sklaven sich in ihrem religiösen Verhalten nicht wesentlich von dem der Freien unterscheiden, daß im Gegenteil allenthalben ein Trend zur Angleichung an die freie Umwelt zu beachten sei (vgl. I 187ff).

35 Zum römischen Vereinswesen insgesamt vgl. den gut informierenden Artikel von E. Kornemann, Collegium, in: RE IV/1, 380–480; ferner W. Liebenam, Zur Geschichte und Organisation des römischen Vereinswesens, 1890 (= 1964). Zum griechischen Vereinswesen, in dem die Sklaven eine weit geringere Rolle spielten als im römischen, vgl. Stöckle, Berufsvereine, in: RE Suppl. IV 155–211; ferner E. Ziebarth, Das griechische Vereinswesen, 1896 (= 1969); F. Poland, Geschichte des griechischen Vereinswesens, 1909 (= 1967).

36 Vgl. Liebenam, Geschichte 40f. Latte, Religionsgeschichte 338ff, führt den Drang zum Kollektiv, wie er sich im Aufsprießen von Vereinen und Kultgenossenschaften kundtut, auf die soziale Entwurzelung in einem zu groß gewordenen Staat zurück.

insofern herein, als jeder dieser Vereine sich einer Schutzgottheit unterstellte, deren Feste man feierte[37]. Dies zu betonen ist deshalb so wichtig, weil nirgends so wie in den collegia tenuiorum die sozialen und gesellschaftlichen Schranken zwischen Freien und Sklaven überwunden waren. Aber dieser Brückenschlag war nicht wie in den christlichen Gemeinschaften von einer religiösen Idee in Verbindung mit einem Kult geboren, sondern ergab sich sekundär aus gleichgerichteten Interessen.

In der starken Beteiligung von Sklaven und in der Aufhebung der Schranken zwischen Freien und Unfreien in den collegia der kleinen Leute liegt die besondere Bedeutung im Rahmen unserer Fragestellung. Es ist bemerkenswert, daß diese Entwicklung staatlicherseits nicht nur toleriert, sondern durch die staatliche Gesetzgebung sogar gefördert wurde. Wegen ihrer politischen Ungefährlichkeit blieben die collegia tenuiorum von den wechselnden strengen Restriktionen des Staates und seiner bürokratischen Überwachung im Unterschied zu den übrigen Vereinen weitgehend verschont[38]. Die Begründung eines collegium tenuiorum war erleichtert durch eine generelle staatliche Konzession[39], und den Sklaven war die Mitgliedschaft ausdrücklich gestattet, sofern der jeweilige Besitzer sein Einverständnis erklärte: „Es ist erlaubt, daß auch Sklaven in ein collegium tenuiorum aufgenommen werden, sofern ihre Herren einwilligen“[40]. Innerhalb des Vereins sind damit die Sklaven, wo

[37] Bömer, Untersuchungen I 91, hebt daher den „sozialen Charakter dieser Vereine“ hervor. Zum Ganzen vgl. ebd. 87–98; Schertl, Stellung 25–34.

[38] Zum Verhältnis Staat und Vereine vgl. Kornemann, RE IV/1, 403–412.

[39] Marcian berichtet von einem kaiserlichen Verbot von Militärvereinen innerhalb der Lager und fährt dann fort: „Sed permittitur tenuioribus stipem menstruam conferre, dum tamen semel in mense coeant, ne sub praetextu huiusmodi illicitum collegium coeat“ („Aber den tenuiores wird gestattet, den monatlichen Beitrag zu entrichten, sofern sie nur einmal im Monat zusammenkommen und unter einem derartigen Vorwand nicht ein verbotenes collegium zusammenkommt“): Digesta XLVII 22,1 pr.; der ganze Text abgedruckt bei Liebenam, Untersuchungen 40 Anm. 1. Die Vereinsstatuten des Begräbnisvereins von Lanuvium vom Jahr 133 n. Chr. (abgedruckt im epigraphischen Anhang bei Liebenam, aaO. 320–323, 64) beziehen sich wörtlich auf die Marcianstelle. Aus der Kombination beider Stellen und aus einer Reihe von Inschriften folgert die Forschung eine Generalkonzession der collegia tenuiorum schon zu Beginn der Kaiserzeit. Vgl. Kornemann, RE IV/1, 410. Missionssoziologisch wäre dieser Sachverhalt im Blick auf das Frühchristentum und seine Begegnung mit der Sklaverei nicht unerheblich.

[40] Digesta XLVII 22,3,2: servos quoque licet in collegio tenuiorum recipi volentibus dominis (bei Liebenam, aaO. 173 Anm. 2).

es sich nicht überhaupt um ein reines Sklavencollegium handelt[41], gleichberechtigte Mitglieder neben den Freien. Die Vereinssatzungen, die Fragen der Aufnahmebedingungen, des Beitrags, der Vermögensverwaltung, der Zusammenkünfte, des Begräbnisses regeln, machen da keinen Unterschied bis hin zu den verschiedenen Vereinsämtern, die den Sklaven in gleicher Weise offenstehen wie den Freien[42]. Wie rechtlich gleichheitlich man in allem, was den Vereinszweck betraf, dachte, veranschaulicht eine Sonderregelung in den Vereinssatzungen des collegium salutare cultorum Dianae et Antinoi im italischen Luvianum zugunsten der Sklaven. Sollte der Besitzer eines verstorbenen Sklaven, der Vereinsmitglied war, sich weigern, den Leichnam herauszugeben, so verpflichtet sich das collegium, ein funus imaginarium (Scheinbegräbnis) durchzuführen[43]. In anderen Vereinssatzungen, über die wir nicht so authentisch und umfassend unterrichtet sind wie über die von Luvianum, waren die Dinge vermutlich ähnlich geregelt.

Das wenige und Bruchstückhafte, das hier zur Situation des Sklaven in religiöser Hinsicht angedeutet werden konnte, macht jedenfalls so viel klar: Vor allem seit der Kaiserzeit erfreut sich der Sklave eines beachtlichen Maßes an religiöser Bewegungsfreiheit. Daher mußte es für die frühchristliche Verkündigung ein leichtes gewesen sein, ihn auch unabhängig von seiner Hausgemeinschaft zu erreichen. Zum andern hat das Frühchristentum selber im Schutz des römischen Collegialwesens missionieren und sich formieren können. Man muß sich ja darüber im klaren sein, daß die christlichen Gemeinden, je länger je mehr, in einer nach außen irgendwie anerkannten Form in Erscheinung treten mußten, zum Beispiel allein schon im Interesse rechtlicher Vermögensfähigkeit zum Erwerb eigener Versammlungsräume und Begräbnisstätten. Es stellt sich nur die Frage, wie dies angesichts staatlicher Überwachung und Reglementierung des religiösen und profanen Vereinswesens möglich war. Für den Anfang spielt sicher die Herkunft des Christentums aus dem Judentum eine nicht unerhebliche Rolle, konnten Christengemeinden im Windschatten jüdischer Diasporagemeinden Fuß fassen. Wo und sobald sie als

---

[41] Wenn z.B. Liebenam, aaO. 130ff, Inschriftenmaterial von Begräbnisvereinen aus dem kaiserlichen Oikos beibringt, darf man aus diesem Sachverhalt folgern, daß es sich dabei mehr oder weniger um reine Sklavenkollegien handelt. Denn die freien Glieder des kaiserlichen Hauses bedurften, um einer ehrenvollen Bestattung gewiß zu sein, sicher nicht der Mitgliedschaft in einem collegium.

[42] Vgl. Schertl, Stellung 38–49.

[43] CIL XIV 2,112; hier nach dem Abdruck bei Liebenam, Untersuchungen 392, II 3f.

eigenständige Gebilde in Erscheinung traten, wurden sie vom Außenstehenden als neue, vom Osten kommende Kultgenossenschaften eingestuft. Lukian versteht etwa um die Mitte des 2. Jh. den christlichen Gemeindevorsteher als διασάρχης, das heißt als Vorsitzenden einer privaten Kultgenossenschaft und damit die Gemeinde als ϑιάσος, eben als Kultgenossenschaft[44]. Um 180 bezeichnet Kelsos die Christen als ϑιασῶται, das heißt als zu einer Kultgenossenschaft Gehörende[45].

Nutzen nach außen zogen die Christengemeinden aber noch mehr aus der generellen staatlichen Konzession für die collegia tenuiorum. „Sie genossen den diesen Vereinen verbürgten rechtlichen Schutz, konnten Grabplätze erwerben und blieben unangefochten, so lange sie nicht sub praetextu religionis (unter dem Vorwand der Religion) staatsgefährliche Zwecke verfolgten"[46]. Damit stimmt überein, wenn Tertullian in seinem Apologeticum 38–39 versucht, die christlichen Gemeinden als collegia licita (zugelassene collegia) darzustellen[47]. Wie sehr die Christengemeinden den Aufgabenbereich und die Anliegen der collegia der kleinen Leute zu ihrer Sache machten, bestätigt Kaiser Julian. Als Gründe für den Sieg der Gottlosigkeit – gemeint ist das Christentum – nennt er „die Philanthropie gegenüber den Fremden" und „die Fürsorge für die Bestattung der Toten"[48]. So spielt beim Aufbrechen des Konflikts zwischen Christentum und römischem Staat denn auch von Anfang an der Vorwurf eine Rolle, die Christen bildeten collegia illicita (unerlaubte collegia) und besuchten verbotene Zusammenkünfte[49]. In seiner berühmten Anfrage bei Kaiser Trajan, wie gegen die Christen vorzugehen sei, schildert Plinius ihre Zusammenkünfte und rückt diese dann mit dem Begriff hetaeriae in

---

[44] Luk. Peregr. 11; ed. K. Mras 476.

[45] Origenes, Gegen Kelsos III 23. Die Schrift des Kelsos „Wahrer Logos" ist nur in der Widerlegung durch Origenes erhalten.

[46] Liebenam, Untersuchungen 269. Die Diskussion, die um die Jahrhundertwende eine Rolle spielte, ob die christlichen Gemeinden sich innergemeindlich in Anlehnung an die Kultgenossenschaften und collegia organisierten, darf als erledigt gelten. In Fragen von Gemeindeordnung und Gemeindeamt entwickelte das Frühchristentum weithin eine Eigendynamik. Vgl. Ziebarth, Vereinswesen 130ff.

[47] Vgl. die Besprechung bei Wilken, Kollegien 186–191.

[48] Bei Sozomos, Ep. ad Arsacium V 15; vgl. Harnack, Mission 190.

[49] Digesta XLVII 22,2: „Wer immer ein verbotenes collegium zu begründen sich angemaßt hat, werde mit der Strafe behaftet, mit der diejenigen behaftet werden, die abgeurteilt sind, mit bewaffneten Leuten öffentliche Plätze oder Tempel besetzt zu haben" (lat. Text bei Liebenam, Untersuchungen 39).

die Nähe der verbotenen collegia[50]. Er versucht also, von der rechtlichen Basis „erlaubte oder unerlaubte collegia" aus das Phänomen des sich ausbreitenden Christentums politisch verantwortlich einzuordnen.
Wenn nun die Altertumswissenschaft abgesehen von den reinen Berufsvereinen den Niedergang des ganzen Collegialwesens, der Kultgenossenschaften wie der einst üppig sprießenden collegia tenuiorum, vornehmlich auf den wachsenden Einfluß des Christentums zurückführt[51], dann impliziert dies einige gewichtige Gesichtspunkte für unsere Fragestellung. Zum einen wird von hier aus noch einmal ersichtlich, welche Bedeutung für die frühchristliche Verkündigung hinsichtlich der Zielgruppe der Sklaven darin lag, daß der Sklave im römischen Imperium jenen Freiraum hatte, wie er in der Möglichkeit seiner Mitgliedschaft in Kultgenossenschaften und collegia zum Ausdruck kommt. Man ist geneigt, darin die religionssoziologische und sozialgeschichtliche Voraussetzung für eine erfolgreiche Mission unter der Bevölkerungsschicht der Sklaven zu sehen. Zum anderen offenbart die Tatsache, daß die christlichen Gemeinschaften den Kultgenossenschaften und den collegia der kleinen Leute und Sklaven das Wasser abgegraben haben, wie das Christentum als überaus anziehende Alternative in dieses ganze Gebiet des weitverbreiteten Collegialwesens eingedrungen ist. Wir stoßen hier wieder auf die schon erwähnte soziale Integrationskraft der frühchristlichen Gemeinden, in denen die Idee einer im Glauben begründeten Brüderlichkeit über alle sozialen und gesellschaftlichen Schranken hinweg Gestalt annahm. Das ist für antike Verhältnisse durchaus etwas Neues[52], das nicht unwesentlich zur Überlegenheit der christlichen Gruppen gegenüber Vergleichbarem aus der Umwelt beigetragen hat.
Es handelt sich hier um einen der primären Gesichtspunkte, unter dem die Frage der Begegnung des frühen Christentums mit der antiken Sklaverei zu sehen ist. Ein größerer Zustrom aus der Bevölkerungsschicht der

---

[50] Ep. X 96,7; ed. H. Kasten 642. Hetaeria ist das griechische Äquivalent (ἑταιρία) zum lateinischen collegium und wird offensichtlich gebraucht, um den subversiven Charakter der collegia hervorzuheben. Für Bithynien, der Provinz des Plinius, hatte Trajan alle collegia derart rigoros verboten, daß er auch die Gründung eines collegium fabrorum (Handwerkercollegium) – näherhin ging es um eine freiwillige Feuerwehr – mit dem Argument untersagte, aus allen diesen collegia würden in kürzester Zeit Hetärien (ep. X 34). Aus seinem Antwortbrief auf die Anfrage hinsichtlich der Christen (ep. X 97) kann man allerdings schließen, daß er die Christengemeinschaften nicht in dieser Weise einstufte.
[51] Kornemann, RE IV/1, 477f.
[52] Vgl. Bömer, Untersuchungen I 172–179.

Sklaven setzt vermutlich dann ein, als das Christentum aus der Privatheit der Hausgemeinden immer mehr heraustrat und mit seiner äußeren soziologischen Erscheinungsform eine Alternative zu den Gemeinschaftsbildungen wurde, zu denen der Sklave bisher schon Zugang hatte. Die Kritik des Kelsos, das Christentum wende sich unter anderem mit Vorzug an die Sklaven[53], ist ganz gewiß polemisch überzogen. Aber immerhin kann man dahinter die Sorge eines wachen Zeitgenossen vermuten, der spürt, daß mit den Christengemeinden etwas bisher Ungewohntes in Bewegung geraten ist. Aus dieser Perspektive gesehen darf das Phänomen von Sklaven in christlichen Gemeinden nicht vorschnell und nicht nur mit dem Maßstab modernen Menschenrechtsverständnisses gemessen werden, sondern ist zunächst als ein respektables Indiz für die Dynamik zu werten, mit der das Frühchristentum daranging, von den Voraussetzungen des Christusglaubens her die Idee neuer menschlicher Gemeinschaften in die Tat umzusetzen. Möglicherweise hat es diese Dynamik in der Christentumsgeschichte seither nie mehr gegeben.

[53] S.o. Anm. 45; vgl. auch Vogt, Vorwurf 403.

IV. Paulus und die Sklaven in seinen Gemeinden

Die frühesten literarischen Zeugnisse vom Zusammentreffen der christlichen Botschaft mit der Institution der antiken Sklaverei finden sich in den Briefen des Paulus. In 1 Kor 7,20–24 werden erstmals Sklaven, die Christen geworden sind, aus der Perspektive des neuen Glaubens auf ihren Sklavenstand hin angesprochen. Sie werden gemahnt, in ihrem Stand zu bleiben. Im Philemonbrief, der kleinsten und am persönlichsten gehaltenen Schrift des Neuen Testaments, haben wir ein Dokument zur Hand, das Paulus einem entlaufenen Sklaven mitgibt, den er vorher für den Jesusglauben gewonnen hat und den er jetzt mit einem Empfehlungsschreiben – eben dem Philemonbrief – zu seinem christlichen Herrn zurückschickt.
Kommt in den genannten Stellen eher eine bewahrende Tendenz in den Blick, dann scheint Paulus in Gal 3,26–28 und 1 Kor 12,13 genau in die entgegengesetzte Richtung auszubrechen. In enthusiastischer Weise erklärt er jetzt auf Grund der Einheit aller in Christus sämtliche Schranken und Grenzen als überholt, auch die zwischen Sklaven und Freien.

1. DIE AUFFORDERUNG ZUM BLEIBEN IM SKLAVENSTAND: 1 KOR 7,20–24

Was Paulus den Sklaven in seiner Gemeinde in Korinth sagt, steht ganz unter dem Vorzeichen: „Jeder in dem Beruf, in dem er berufen wurde, in demselben bleibe er“ (7,20). Die fast wörtliche Wiederholung in V. 24 macht diese Mahnung zur Klammer, innerhalb derer der Sinn der gesamten Texteinheit der V. 20–24 zu erheben ist. Die hermeneutische Bedeutung der Klammer V. 20 und V. 24 wird von den vorausgehenden V. 17–19 bestätigt und unterstrichen. Paulus erklärt in V. 17 die Weisung, jeder solle in dem Stand und in den Verhältnissen bleiben, in denen der Ruf Gottes an ihn ergangen ist, als seine Anordnung „in allen Gemeinden“. In V. 18f konkretisiert er den allgemeinen Grundsatz im Blick auf die Frage des Beschnittenseins bzw. Nicht-Beschnittenseins in der Weise, daß er eine diesbezügliche Statusänderung ablehnt, da angesichts des neuen Status des Berufenseins das Beschnittensein oder Nicht-Beschnittensein belanglos geworden ist[1]. Mit der Wiederholung der Grundsatzparänese in V. 20 und V. 24 und ihrer Konkretisierung innerhalb dieser Klammer auf die gläubig gewordenen Sklaven hin hebt Paulus das Sklaventhema auf die gleiche Ebene, auf der er in diesem Zusammenhang das für ihn fundamentale Thema „Beschneidung" behandelt, und beantwortet von daher die Frage, wie Christsein und Sklavesein zusammenzubringen sei: So wie angesichts der in Gott ergangenen Berufung die Frage „beschnitten oder nicht beschnitten" bedeutungslos geworden ist, so ist auf diesem Hintergrund auch das Problem des sozialen Status – ob Sklave oder Freier – schon aufgehoben.

Über das Gefälle, das vom größeren Zusammenhang her für die V. 20–24 zutage tritt, muß zunächst dann wohl die Verständigung über das strittige μᾶλλον χρῆσαι von V. 21b gesucht werden. Wie eh und je gehen auch in jüngster Zeit die Meinungen darüber auseinander[2]. Auszuschließen ist sicher die Deutung, die meint, Paulus rate den Sklaven in der Gemeinde von Korinth, jede Gelegenheit freizukommen, entschlossen zu nützen. Das wäre, am Argumentationszusammenhang von 7,17–25 gemessen, geradezu widersinnig. Eher noch könnte man dem Vorschlag zustimmen, der Apostel füge in seine Grundsatzmahnung zum „Bleiben" das Zugeständnis ein: „Für den Fall, daß du freikommen kannst, mache um so mehr daraus", das heißt: „im Sinn deiner Berufung"[3]. Doch würde selbst dieser konzessionshafte Einschub dem ganzen Gefälle der Argumentation noch zuwiderlaufen. Schon innerhalb des V. 21 konstruiert man damit eine sinnwidrige Spannung, verursacht von dem „aber auch" V. 21b. Vor allem aber ist dann hinter der Abfolge von V. 21b und V. 22 keine grammatische und keine sachliche Logik mehr zu erkennen. V. 22, eingeleitet mit einem begründenden „denn", nimmt möglichen Bestrebungen freizukommen den Wind aus den Segeln mit der Feststellung, angesichts der im Kyrios ergangenen Berufung sei es belanglos, ob einer Sklave oder Freier ist. Das begründende „denn" von V. 22 läßt daher für 21b kaum eine andere Möglichkeit der Interpretation zu als die: Paulus

[1] Offensichtlich ist die Situation in Korinth so, daß Paulus sich diese enthusiastisch großzügige Behandlung des Beschneidungsthemas leisten kann.

[2] So entscheidet sich z.B. R. Gayer, Stellung 204ff, für die Übersetzung: „Auch wenn du frei werden kannst, bleibe erst recht dabei", d.h. „beim Sklavenstand". Dagegen folgt Stuhlmacher, Phlm 44f, der spärlicheren Tradition, die das χρῆσαι absolut versteht: „Falls du aber doch freikommen kannst, mache um so mehr daraus", d.h. „aus deiner Berufung". Ähnlich auch P. Trummer, Chance 353f. Zum Ganzen vgl. S. S. Bartchy, μᾶλλον χρῆσαι, 1973.

[3] So Ridderbos, Paulus 220 Anm. 92; Stuhlmacher, Phlm 39.

nimmt seine Grundsatzmahnung zum „Bleiben“ so ernst, daß er dem Sklaven, der frei werden kann, den Rat gibt, Sklave zu bleiben[4].

Die Paränese von 1 Kor 7,20–24 läßt sich dann paraphrasiert so wiedergeben: Der gläubig gewordene Sklave braucht und soll an seiner sozialen Situation nichts ändern[5]. Denn, so argumentiert V. 22, die entscheidende Veränderung hat – auf einer anderen Ebene als der gesellschaftlich-rechtlichen – bereits stattgefunden. Als Berufener im Herrn ist der Sklave ein Freigelassener des Kyrios, so wie der Freie mit der Berufung ein Sklave des Kyrios geworden ist. V. 23 begründet diese Einebnung des Grabens zwischen Sklaven und Freien auf Grund der Berufung noch einmal christologisch mit der Heilstat Gottes in Christus: Sklave und Freier sind teuer erkauft[6]. Die Warnung, nicht Sklaven von Menschen zu werden (V. 23b), ist in diesem Rahmen die Warnung davor, im Streben nach Veränderung des sozialen Status die im Kyrios gewonnene Freiheit wieder preiszugeben.

Auf der Ebene der gerechtmachenden Heilstat Gottes sind also die Schranken zwischen Sklaven und Freien aufgehoben. Unterschiedslos gilt vor dem Kyrios der Grundsatz: „gleiche Freiheit in gleicher Bindung“[7], wobei die gesellschaftlich-rechtlichen Verhältnisse allerdings unangetastet bleiben. Die Freiheit, die der Sklave im Horizont der Berufung gewonnen

---

[4] Der philologische Nachweis für die Möglichkeit eines absolut gebrauchten χρῆσαι, wie ihn Stuhlmacher, Phlm 44f, bringt, reicht gegen die Argumente, die 1 Kor 7,17–24 für unsere Interpretation selber liefert, wohl schwerlich aus. Auch der Einwand von Ridderbos, Paulus 220 Anm. 92, es sei nicht einzusehen, „weshalb der Apostel jemand, der auf legitime Weise frei“ werde, „lieber als Sklave sehen möchte“, besagt nicht allzu viel. Man beachte vergleichsweise nur die Eigenart paulinischer Logik bzw. Unlogik im Streit um die Kopfbedeckung der Frau (1 Kor 11,2–16). Im übrigen möchte Ridderbos sehr vorsichtig die Entscheidung zwischen den verschiedenen Interpretationsmöglichkeiten für V. 21b lieber offen lassen.

[5] Da die Wortgruppe um καλεῖν/κλῆσις bei Paulus vornehmlich im technischen Sinn von „Berufung“ begegnet, ist es nicht unproblematisch, κλῆσις in V. 20 mit „Beruf“ zu übersetzen, wo doch allein im Zusammenhang der V. 17–24 καλεῖν achtmal im technischen Sinn steht. „Jeder soll in dem Zustand der Berufung bleiben, in dem berufen wurde“, übersetzt denn auch Schmidt, ThWNT III 492. Die andere Richtung vertritt neuerdings wieder R. Gayer, Stellung 192ff.

[6] Die Anklänge in 1 Kor 7,20–24 an die Terminologie und Praxis des Sklavenhandels mit Kauf, Verkauf und Loskauf haben bekanntlich A. Deissmann, Licht vom Osten, [4]1923, 271–280, veranlaßt, eine direkte Abhängigkeit der diesbezüglichen paulinischen Erlösungs- und Heilsvorstellungen vom Brauch des sakralen Sklavenloskaufs zu postulieren. Vgl. dagegen Bömer, Untersuchungen II 133–141.

[7] H. Schlier, ThWNT II 498.

hat, ist aber nicht einfach in die Innerlichkeit verlegt wie beim Stoiker. Vielmehr ist die Gemeinde der Jesus-Gläubigen der Raum, wo dem Sklaven die Freiheit und Gleichheit, die Paulus meint, neben und mit dem Freien zuerkannt wird.

Aus der Perspektive, aus der das Thema „Urchristentum und Sklaverei" hier betrachtet werden soll, liefert 1 Kor 7,20–24 somit eine Reihe Gesichtspunkte, die fürs erste festgehalten zu werden verdienen: Paulus argumentiert aus der Mitte seines Evangeliums in einer Weise in soziale Verhältnisse hinein, daß diese nachher nicht mehr einfach die gleichen sind. Wenn dem Sklaven auf Grund der Berufung und des Erkauftseins durch Christus die gleiche Freiheit in gleicher Bindung zugesprochen wird wie dem Freien, dann wird damit die antike Institution der Sklaverei und – soweit man von einer solchen reden kann – ihre auf Unfreiheit und Ungleichheit basierende Ideologie aufgebrochen und unterlaufen. Auf „Gemeinde" bezogen und für „Gemeinde" im Sinn von 1 Kor 7,20–24 konstitutiv, ist die von Paulus ins Auge gefaßte Freiheit und Gleichheit nicht einfach eine Angelegenheit der individuellen Innerlichkeit wie beim Stoiker, sondern hat durchaus auch eine soziale Dimension. Sie hängt zusammen mit einem veränderten neuen Verständnis vom Menschen, erwachsen aus dem Glauben an die unterschiedslos gerechtmachende Heilstat Gottes – „teuer seid ihr erkauft" – in Jesus Christus, vor der soziale, gesellschaftliche, ethnische oder sonstige die Menschen trennende Schranken ihre Geltung eingebüßt haben.

Aus paulinischer Sicht besteht denn auch keinerlei Spannung zwischen 1 Kor 7,20–24 und Gal 3,27f: „Denn so viele ihr auf Christus getauft wurdet, Christus zogt ihr an. Nicht mehr Jude noch Grieche, nicht mehr Sklave noch Freier, nicht mehr Mann noch Frau! Denn alle seid ihr einer in Christus Jesus" (vgl. 1 Kor 12,13), – jedenfalls nicht mehr Spannung als innerhalb von 1 Kor 7,20–24 selbst[8]. Denn gemessen an antiken gesellschaftlichen Wertmaßstäben riskiert Paulus zwar durchaus Neues, wenn er dem gläubig gewordenen Sklaven gegenüber von einer in der Berufung gewonnenen Freiheit redet, die ihn in der Gemeinde auf die gleiche Ebene stellt wie den gläubig gewordenen Freien. Aber bei alledem wird die gesellschaftlich-rechtliche Seite der Sklaveninstitution mit keinem Wort

[8] Schulz, Gott 159–166, und, im Anschluß an ihn, sein Schüler Gayer, Stellung 117–168, wollen in Gal 3,26–28 und 1 Kor 12,13 einen ursprünglichen Kampfruf eines vor- und nebenpaulinischen enthusiastischen Christentums erkennen. Ist die Sache aber schon historisch eine willkürliche Konstruktion, dann ist sie dies noch einmal, wenn man sie an paulinischem Denken mißt.

angetastet[9]. Vielmehr muß sich die Freiheit und Gleichstellung, die Paulus meint, paradoxerweise im Festhalten an den Schranken setzenden sozialen Verhältnissen und durch das Bleiben in ihnen bewähren.
Hinter der Argumentation von 1 Kor 7,20–24 wird also keinerlei Interesse oder Engagement für bestimmte soziale oder gesellschaftliche Verhältnisse erkennbar. Der Apostel rät dem Sklaven zum Bleiben nicht, weil ihm an der Institution der Sklaverei als solcher gelegen wäre, und er redet von Gleichstellung des Sklaven mit dem Freien auf Grund der Berufung nicht, weil er an eine allmähliche Beseitigung eines negativen Phänomens der antiken Gesellschaftsordnung dächte. Sein Anliegen ist allein die Verwirklichung der Berufung und die Bewältigung neuer Situationen, die mit dem Gläubigwerden sich einstellen, im Rahmen der bestehenden sozialen und gesellschaftlichen Ordnungen[10]. Eine Relevanz des Evangeliums im modernen Sinn von Kritik an gültigen Ordnungen oder im Sinn von intendierter Veränderung bestehender sozialer Verhältnisse vom Evangelium her kommt hier also nicht in den Blick, wenngleich Paulus aus der Mitte seines Evangeliums in eine soziale Situation hineinspricht und dabei durchaus Neues sagt. Die Frage, wie diese Position in paulinischer Theologie begründet ist und näherhin von ihr sich herleiten läßt, soll zunächst noch aufgeschoben bleiben.

2. DIE HAUSGEMEINDE DES PHILEMON UND DER ENTLAUFENE SKLAVE ONESIMUS

Mit dem Philemonbrief haben wir die Möglichkeit, die Probe aufs Exempel zu machen, wie Paulus im konkreten Fall eines typischen Sklaven-

---

[9] In diesem Sachverhalt ist wohl die deutlichste Analogie zwischen Paulus und der Stoa zu sehen. Beide reden im Blick auf den Sklaven von einer Freiheit, die die gesellschaftlich-rechtliche Seite der Sklaveninstitution nicht direkt tangiert. Die Voraussetzungen jedoch sind jeweils verschieden. Während die paulinische Freiheit Frucht der Heilstat Gottes ist, ihren Geltungsraum in der Gemeinde der Berufenen hat und mit dieser ekklesiologischen Dimension – nach unseren Maßstäben indirekt wenigstens – in den Grenzbereich gesellschaftlicher und sozialer Dimensionen hineinreicht, erwächst die stoische Freiheit aus anthropologisch-philosophischem Denken und bleibt ihrem Wesen gemäß zunächst doch der individuellen Innerlichkeit verhaftet, wenngleich nicht übersehen werden darf, daß ein stoisch Gebildeter in seinem gesellschaftlichen Einflußbereich – etwa der Hausgemeinschaft oder der staatlichen Gesetzgebung – mit Sklaven eben anders umging als der berüchtigte Vedius Pollio (s. o. Anm. 19).

[10] Ähnliches ließe sich zu Röm 13,1–7 sagen; vgl. dazu Laub, Christ 264f.

schicksals agiert und reagiert[11]. Die Situation und der äußere Handlungsrahmen sind einigermaßen klar: Der entflohene Sklave Onesimus wendet sich an Paulus. Dieser gewinnt ihn für den Christusglauben und schickt ihn mit einem Begleitschreiben – eben dem Philemonbrief – zu seinem Herrn, einem Freund und Mitarbeiter Paulus (V. 1), zurück mit der Bitte um wohlwollende Aufnahme des Entlaufenen.

2.1. *Zur Argumentationsweise des Paulus im Fall des Sklaven Onesimus*

Aufschlüsse für unser Thema sind vor allem von der Argumentation zu erwarten, mit der der Apostel im Hauptteil des kleinen Schreibens (V. 8–20) den Fall des geflohenen Onesimus direkt mit seinem Besitzer Philemon verhandelt. Wie in 1 Kor 7,20–24 kommt auch im Philemonbrief die gesellschaftlich-rechtliche Seite der Sklaverei mit keinem Wort zur Sprache, sie wird vom Evangelium her auch angesichts eines konkreten notvollen Sklavenschicksals weder thematisiert noch problematisiert. Wenn vielmehr Paulus den Onesimus zu seinem Herrn zurückschickt, wenn er den Philemon bittet, er möge ihm den Onesimus als Mitarbeiter überlassen (V. 13f), oder wenn er um Straffreiheit für ihn nachsucht (V. 18f), dann gibt er damit implizit zu erkennen, daß er die Rechte eines Sklavenbesitzers voll respektiert[12]. Auch das begütigende Begleitschreiben, das Paulus dem flüchtigen Sklaven an seinen Herrn mitgibt, ist im Hinblick auf den in unserem Zusammenhang regelmäßig erwähnten Brief des jüngeren Plinius an einen gewissen Sabinianus für die antike Sklavengeschichte an sich noch nichts Außergewöhnliches[13].

---

[11] Zum Philemonbrief liegen vier neue Kommentare vor: J. Ernst, Die Briefe an die Philipper, an Philemon, an die Kolosser, an die Epheser, RNT, 1974, 123–139; P. Stuhlmacher, Der Brief an Philemon, MeyerK IX 2, ^{2}1977, 259–288; R. Lehmann, Epître à Philémon. Le christianisme primitif et l'esclavage, 1978. Eine Bearbeitung für den Religionsunterricht unter starker Berücksichtigung der Exegese bieten J. Lähnemann – G. Böhm, Der Philemonbrief, Handbücherei f. d. RU 16, 1973. Zum Kommentar von Stuhlmacher s. auch F. Hahn, Paulus und der Sklave Onesimus. Ein beachtenswerter Kommentar zum Philemonbrief: EvTh 37 (1977) 179–185.

[12] Zum verbreiteten Phänomen und Problem der Sklavenflucht in der antiken Welt s. H. Bellen, Studien zur Sklavenflucht im römischen Kaiserreich, 1971.

[13] Ep. IX 21 (ed. H. Kasten 525): „C. Plinius grüßt seinen Sabinianus. Dein Freigelassener, dem du, wie du mir sagtest, böse bist, warf sich mir zu Füßen, als wärest du es, und wich nicht von der Stelle. Lange weinte er, bettelte lange, schwieg auch lange, kurz, ich gewann den Eindruck, daß er bereut. Ich glaube,

Der Philemonbrief hat aber in der Art, wie er den Fall einer Sklavenflucht behandelt und gelöst wissen will, dennoch sein eigenes Gewicht. Sein Verfasser leitet seine Argumente zugunsten des entlaufenen Onesimus ausschließlich aus der Tatsache ab, daß er diesen inzwischen für den Christusglauben gewinnen konnte (V. 10). Aus der so veränderten Situation zieht Paulus für das herkömmliche Verhältnis Herr–Sklave in einer Weise Konsequenzen, daß die auf Ungleichheit basierende Institution der Sklaverei – so unangetastet sie als solche auch bleibt – im Grunde genommen unterlaufen wird. Philemon erhält den Onesimus jetzt nicht mehr nur als Sklaven zurück, sondern „über einen Sklaven hinaus als geliebten Bruder" (V. 16). Auf Grund des Gläubigwerdens des Onesimus gilt für das Verhältnis Herr–Sklave nun das gleiche ἀγαπητός (geliebt) wie für das Verhältnis zwischen Paulus und seinem „Mitarbeiter" Philemon (V. 1).

Es fällt überhaupt auf, wie sehr der Apostel sich mit dem zu ihm geflüchteten und inzwischen gläubig gewordenen Sklaven Onesimus dem

---

er hat sich wirklich gebessert, weil er fühlt, daß er sich vergangen hat. Du bist wütend, ich weiß, und mit Recht, auch das weiß ich; aber gerade dann verdient Nachsicht besonders Lob, wenn man wohlbegründeten Anlaß zum Zorn hat. Du hast den Mann liebgehabt und wirst ihn hoffentlich wieder liebhaben; einstweilen genügt es, daß du dich erweichen läßt. Du darfst ihm wieder zürnen, wenn er's nicht anders verdient, und da mit noch besserem Recht, wenn du dich jetzt erweichen läßt. Halte seiner Jugend, seinen Tränen, deiner Nachgiebigkeit etwas zugute! Quäle ihn nicht und damit auch dich, denn du quälst dich, wenn du, ein so sanftmütiger Mann, zornig bist! Ich fürchte, es sieht so aus, als bäte ich nicht, sondern suchte dich zu nötigen, wenn ich mit seinen Bitten die meinigen verbinde; trotzdem tue ich es, und um so dringender und nachdrücklicher, je schärfer und strenger ich ihn mir vorgenommen habe, indem ich ihm unmißverständlich drohte, mich hinfort niemals wieder für ihn zu verwenden. Das galt für ihn, den ich einschüchtern mußte; nicht so für dich. Vielleicht werde ich ja noch einmal wieder für ihn bitten, ihm noch einmal wieder Verzeihung erwirken, liegt nur der Fall so, daß ich mit gutem Gewissen bitten, du nachgeben kannst. Leb' wohl!"

Dazu existiert auch ein Dankbrief des Plinius, wonach seine Fürsprache offensichtlich erfolgreich war (ep. IX 24; ebd. 529f): „C. Plinius grüßt seinen Sabinianus. Du hast recht getan, daß Du Deinen Dir einst liebegewesenen Freigelassenen auf mein vermittelndes Schreiben hin wieder in Dein Haus, in Dein Herz aufgenommen hast. Auch Dir wird das Freude machen; mich jedenfalls freut es, einmal weil ich Dich so fügsam sehe, daß Du Dich im Zorn lenken läßt, zum andern, weil Du so viel auf mich hältst, daß Du Dich meinem Rate oder meinen Bitten anbequemst. Darum lobe ich Dich und danke Dir auch; zugleich bitte ich Dich für die Zukunft, Dich bei Verfehlungen Deiner Leute versöhnlich zu zeigen, auch wenn kein Fürsprecher zur Stelle ist. Leb' wohl!"

ebenfalls christlichen Sklavenbesitzer Philemon gegenüber identifiziert[14]. Er nennt ihn „mein Kind" (V. 10), „mein eigenes Innerstes" (V. 12). Er hätte ihn nur zu gern bei sich behalten für die Diakonia des Evangeliums (V. 13) und er scheut sich nicht, für den finanziellen Schaden, den Onesimus vermutlich durch Diebstahl bei der Flucht angerichtet hat, bei Philemon geradezustehen (V. 18f). Diese starke Gleichsetzung des Paulus mit dem flüchtigen Sklaven ist mehr als nur der Versuch, auf diesem Weg ein unwiderstehliches Argument von Freund zu Freund ins Feld zu führen. Sie bezieht ihre besondere Qualität vielmehr aus ihrer ausschließlichen Begründung im Evangelium. Wenn der Apostel sich mit dem gläubig gewordenen Sklaven Onesimus so intensiv in eins setzt, dann führt er damit dem Philemon beispielhaft vor Augen, wie sich im zwischenmenschlichen Bereich das Evangelium über alle sozialen und gesellschaftlichen Schranken hinweg auswirkt.

Daß Paulus tatsächlich im Sinn dieser Beispielhaftigkeit argumentiert, läßt sich mit folgender Beobachtung erhärten: In V. 16 bringt er sein Verhältnis zu Onesimus, weil er ihn für den Christusglauben gewonnen hat, auf den Nenner „geliebter Bruder", um dann auf Grund der neuen Situation Gleiches erst recht für das Verhältnis des christlichen Sklavenbesitzers Philemon zu seinem heimkehrenden, inzwischen gläubig gewordenen Sklaven geltend zu machen. Es gibt da keinen Unterschied zu dem „geliebt" zwischen Paulus und Philemon (V. 1) und so wie der Apostel diesen im Eingangsgruß als seinen „Mitarbeiter" anredet (V. 1), so möchte er den Onesimus am liebsten bei sich behalten zur „Diakonia am Evangelium" anstelle des offensichtlich nicht zur Verfügung stehenden Philemon (V. 13). Die Totalität der Realisierung des Brudergedankens, wie sie Paulus in seiner Identifizierung mit dem Sklaven Onesimus augenfällig macht, wird so dem Philemon zur Richtschnur für sein Verhalten seinem zurückkehrenden Sklaven gegenüber. Nichts anderes als die am Beispiel des Apostels ablesbare und damit im Glauben auch verpflichtende Totalität realisierter Brüderlichkeit[15] meint die Wendung „im Fleisch und im Kyrios" (V. 16b). Damit ist „die menschliche Beziehung zwischen Herrn

[14] Stuhlmacher 49 konstatiert dies zutreffend für V. 17. Das Motiv spielt aber überhaupt für das Verhältnis des Paulus zu Onesimus, wie der Philemonbrief es zeichnet, eine wichtige Rolle.

[15] Zum Brudergedanken in der Antike s. A. Vögtle, RAC II 631–640. Gayer, Stellung 237 u. 240, spricht in seinem Exkurs zu diesem Thema hinsichtlich des Philemonbriefes von einer der Antike nicht geläufigen Entschränkung des Brudergedankens, begründet in der Universalisierung des Heils.

und Sklaven“[16] und die veränderte neue Situation auf Grund der Annahme des Evangeliums für die zwischenmenschlichen Beziehungen in einem ins Auge gefaßt.

2.2. *Der Sklave in der koinonia der Oikos-Gemeinde*

Mit dem Argument der Glaubens-κοινωνία (Gemeinschaft, Teilhabe) bringt Paulus die von ihm praktizierte Brüderlichkeit für Philemon als ein im Glauben verpflichtendes Beispiel zur Geltung (V. 17). Die zwischen beiden bestehende *koinonia* soll den Philemon zu brüderlicher Aufnahme seines zurückkehrenden Sklaven motivieren.

Es verdient an dieser Stelle Beachtung, daß der *koinonia*-Begriff in der klassischen Oikonomik seinen festen Platz hat. *Koinonia* ist die Form der zwischenmenschlichen Beziehung von freien Menschen sowohl in der Polis[17] wie im Oikos[18]. Im Rahmen des Oikos wird vor allem die Beziehung zwischen Mann und Frau als *koinonia* verstanden[19]. Dagegen lehnt es Aristoteles ausdrücklich ab, hinsichtlich der Relation Herr–Sklave von *koinonia* zu reden[20], wiewohl er den Oikos als „die naturgemäße *koinonia* für das tägliche Zusammenleben“ bezeichnet[21].

Auf diesem Hintergrund hat es sein Gewicht, wenn Paulus den *koinonia*-Gedanken gerade in einem Brief an eine Oikos-Gemeinde und in der Angelegenheit eines entlaufenen Sklaven so intensiv von der Sache des Evangeliums her ins Feld führt. Denn daß der Apostel mit dem *koinonia*-Begriff auch im Zusammenhang des Phlm von mehr reden will als nur von menschlich-freundschaftlicher Verbundenheit, läßt schon die Bedeutsamkeit dieser Wortgruppe in christologisch-soteriologischem und ekklesiologischem Zusammenhang innerhalb des paulinischen Briefcorpus vermuten[22]. Zum andern hat es Paulus ganz offenkundig darauf angelegt, seine

---

[16] Dibelius – Greeven 106: „. . . als Mensch und als Christ“. Nach Stuhlmacher 42 bedeutet die ganze Wendung, „daß Onesimus für Philemon ein christlicher Bruder sein wird sowohl in den täglichen Lebensvollzügen als auch im geistlichen Leben“.

[17] Arist. Nik. Ethik 1167a 4–b 5.

[18] Arist. Pol.I 1252b 12–15; Hierokles, Stob. IV 24,14, 605,9.

[19] Ps.-Arist. Oik. I 1343b 19.24ff; Plat. Nomoi IV 721a.

[20] Eud. Ethik 1241b 17–24.

[21] Pol. I 1252b 12f.

[22] Vgl. F. Hauck, ThWNT III 804–810. „Am häufigsten kommt die Gruppe κοινων- im NT bei Paulus vor, bei dem sie auch unmittelbar religiösen Inhalt gewinnt“ (S. 804). Die Kommentare sind diesbezüglich im Blick auf Phlm 17 z.T. sehr zurückhaltend; vgl. etwa Dibelius – Greeven 106.

enge Verbundenheit mit Philemon von vornherein vom Evangelium her und ekklesiologisch zu qualifizieren. Im Eingangsgruß redet er ihn zusammen mit der ganzen Gemeinde in seinem Hause an, apostrophiert aber eigens ihn als „geliebten Bruder und Mitarbeiter“ (V. 1f). In der Danksagung rühmt er zusammen mit dem „Glauben“ des Philemon dessen „Liebe“ gegen alle Heiligen (V. 5) und äußert den Wunsch, seine „Teilhabe – *koinonia*! – am Glauben möge wirksam werden in Erkenntnis alles Guten, das in uns (ist), auf Christus hin“ (V. 6)[23]. In diesem größeren Zusammenhang ist dann gewiß auch das *koinonos*-Motiv von V. 17, mit dem Philemon für eine brüderliche Aufnahme seines entlaufenen Sklaven gewonnen werden soll, zu interpretieren. Die in dem heilseröffnenden Glauben begründete Verbundenheit schließt auch „zu gemeinsamem Handeln in Glaube und Liebe“ zusammen[24].
Mit all dem ist das angestrebte Verhältnis christlicher Brüderlichkeit zwischen Herr und Sklave zugleich dem Bereich privater individueller Beliebigkeit entzogen und in eine ekklesiologische und damit indirekt wenigstens auch in eine gesellschaftlich-soziale Dimension gerückt. Das wird schon an der äußeren Briefform sichtbar. Denn wenn Paulus im Proömium des sonst sehr persönlich gehaltenen Schreibens die ganze „Gemeinde im Haus des Philemon“ anspricht (V. 1–3) und ebenso im Schlußgruß (V. 25) und wenn er sein Anliegen im Fall des Onesimus formal überhaupt im Schema seiner Gemeindebriefe zur Sprache bringt, dann dürfte damit gesichert sein, daß der sehr persönlich gehaltene Philemonbrief zugleich für die Verlesung vor der Gesamtgemeinde konzipiert ist und daß der Apostel mit dem, was er im Fall eines entlaufenen Sklaven zu sagen hat, mit jener apostolischen Autorität, wie er sie sonst seinen Gemeinden gegenüber aus der Beauftragung mit dem Evangelium ableitet, auch der Philemongemeinde gegenüber zu Wort kommen möchte[25]. In V. 8 weist er ja eigens auf diese Autorität „in Christus“ hin und betont, daß er sie dem Philemon gegenüber bewußt hintanstellt. Vor der Gesamtgemeinde im Haus des Philemon wird so die Verpflichtung zur Brüderlichkeit, die auch den Sklaven unterschiedslos einbezieht, als Ertrag der *koinonia* des Glaubens (V. 6.17) geltend gemacht. Die Gleichstellung von Herr und Sklave auf der Ebene des christlichen Brudergedan-

---

[23] Stuhlmacher 33 unter Verweis auf Phil 1,5.
[24] Lohse 283.
[25] Vgl. Hainz, Ekklesia 199–209. U. Wickert, Der Philemonbrief – Privatbrief oder apostolisches Schreiben?: in: ZNW 52 (1961) 230–238. Nachdrücklich spricht auch R. Lehmann 16f vom „caractère public“ des Philemonbriefs.

kens im Raum der Gemeinde ist damit nicht mehr dem individuellen Belieben und auch nicht nur einer stoischen Innerlichkeit überlassen – ganz zu schweigen davon, daß in der antiken Oikonomik so argumentiert werden könnte –, sondern ist christologisch und ekklesiologisch begründet und ein brüderlicher Umgang mit dem Sklaven adäquate Konsequenz in den Gemeinden der Jesus-Gläubigen[26].

2.3. Der Apostel als Typos der Wirkmächtigkeit des Evangeliums

Sind die vorausgehenden Beobachtungen richtig, dann muß die Position, die Paulus im Philemonbrief bezieht, noch in einem größeren Zusammenhang paulinischer Theologie gesehen werden. Wenn es – generell oder speziell – um die Frage geht, wie die Lebensgestaltung unter dem Evangelium auszusehen habe, versteht sich der Apostel gerne als Typos für seine Gemeinden und er bringt dabei das Vorbild-Nachahmungsmotiv in die Reihe „Kyrios–Apostel–Gemeinde“[27]. Die Korinther sollen seine Nachahmer werden, wie er Nachahmer des Christus ist (1 Kor 11,1), oder dadurch, daß sie seine „Wege in Christus“ befolgen (1 Kor 4,16f). Die Philipper sollen, um nicht als „Feinde des Kreuzes des Christus“ zu leben, auf die schauen, die den Apostel als Typos für ihr Leben nehmen, damit sie so seine „Mitnachahmer“ werden (Phil 3,17f). Wenn Paulus die Galater auffordert, zu werden wie er (Gal 4,12), dann heißt auch dies letztlich wieder, Christus möge in ihm Gestalt annehmen (Gal 4,19). Den Thessalonikern bescheinigt er dankbar, daß sie seine und des Kyrios Nachahmer geworden sind, da sie das Evangelium „in viel Bedrängnis“ aufnahmen. Die Gemeinde wird so ihrerseits zum Typos für andere Gemeinden (1 Thess 1,6–8).

Diese Aussagen erlauben den Schluß, daß Paulus das, was er für seine Gemeinden ist und sein will, immer als Repräsentant des Evangeliums ist, durch das Christus sein Leben bestimmt. Er kann sich daher mit seiner ganzen Existenz als verpflichtenden Typos für jeden verstehen, der die apostolische Verkündigung angenommen hat.

Im Philemonbrief fehlt zwar die Terminologie dieses Aspekts paulinischer Theologie, die Sache als solche dürfte aber dennoch gegeben sein. Man

---

[26] Man darf V. 9 wohl so interpretieren, daß das, was Paulus zugunsten des Onesimus, statt es zu befehlen, um der Liebe willen lieber in eine Bitte kleidet, Verpflichtung aus der *agape* ist.

[27] Vgl. Laub, Gemeindegründer 28–31.

könnte fast sagen, sie wird direkt praktiziert, indem Paulus mit seiner starken Identifizierung mit dem entlaufenen und inzwischen gläubig gewordenen Sklaven Onesimus augenfällig macht, wie das Evangelium oder, in der Diktion des Philemonbriefes, die κοινωία des Glaubens (V. 6) in der Bruderliebe sich auswirkt und indem er dem Philemon zumutet, seinen zurückkehrenden Sklaven aufzunehmen wie seinen *koinonos* Paulus selbst (V. 17)[28]. Mit all dem würde nur noch einmal deutlich, wie sehr der Apostel im konkreten Fall des Sklaven Onesimus von der Mitte seines Evangeliums her in eine konkrete soziale Situation hineinargumentiert.

Ob die Art, wie hier ein konkretes Sklavenschicksal verhandelt und geregelt wird, sich lediglich als verinnerlichter antiker Patriarchalismus verrechnen läßt[29] oder ob das nicht doch etwas mehr und qualitativ etwas anderes ist, etwas anderes auch als das Bemühen der Stoa, wird man mit Recht fragen müssen. Zwar sieht Paulus keine direkte gesellschaftliche Relevanz im modernen Sinn von Veränderung ungerechter gesellschaftlicher Strukturen. Gegen die Institution der Sklaverei als solche wird mit keinem Wort angegangen, sie wird aber auch nicht einfach unkritisch hingenommen. Vielmehr wird vom Evangelium her in einem konkreten Fall eine Auseinandersetzung mit bestehenden sozialen Verhältnissen unternommen, die die institutionelle Gültigkeit solcher Verhältnisse, in unserem Fall die Gültigkeit der Sklaverei, erstaunlich unbekümmert ignoriert. Die Beziehung Herr–Sklave ist nachher nicht mehr die gleiche wie vorher. Dem Sklaven wird der Ort zugestanden und zugewiesen – nämlich die Gemeinde der Glaubenden und Getauften –, wo er auf Grund eines neuen, aus der Heilstat Gottes abgeleiteten Menschenverständnisses als gleichwertiger Mensch anerkannt ist und wo der Gedanke einer schrankenlosen Brüderlichkeit eine im Christusglauben begründete und daher verbindliche Lebensregel ist.

Allerdings tritt – für modernes Verständnis wenigstens – auch hier wie schon bei 1 Kor 7,20–24 die Spannung zutage, daß einerseits die gesell-

---

[28] Es ist nicht unwahrscheinlich, wenngleich letztlich hypothetisch, daß Philemon den Onesimus im Sinn des Paulus (V. 13) tatsächlich freigelassen hat und daß dann der Onesimus von Kol 4,7–9 im Zusammenhang mit den Grußlisten 4,10–14.17 und Phlm 23.24 als der Onesimus des Philemonbriefes anzusehen wäre. Vgl. dazu Stuhlmacher 18f u. 52ff. Der bei IgnEph 1,3; 2,1; 6,2 genannte Bischof Onesimus von Ephesus wäre nach Stuhlmacher dann der nämliche, und die Aufnahme des persönlich gehaltenen Philemonbriefes in das Corpus Paulinum schon zu Ende des 1. Jahrhunderts würde sich auf Grund einer entsprechenden Personaltradition erklären.

[29] So Schulz, Gott 183.

schaftlich-rechtliche Seite der Sklaverei unangetastet bleibt, eine gesellschaftliche Relevanz des Evangeliums in diesem Sinn also nicht in den Blick kommt, daß andererseits aber eine alle Schranken überwindende Bruderliebe geltend gemacht wird – eine Spannung also, die es je nach Blickwinkel offensichtlich ermöglicht, von verinnerlichtem antikem Patriarchalismus oder – doch wohl zutreffender – von Unterwanderung einer bestehenden Ordnung zu reden. Wie weit ist diese Position des Paulus aus seinem eigenen theologischen Denken herleitbar und erklärbar? Das ist die nun anstehende Frage.

3. ZUM PROBLEM DER THEOLOGISCHEN BEGRÜNDUNG DER SOZIALETHISCHEN WEISUNGEN BEI PAULUS

Seit M. Dibelius wird zur Erklärung der Stellung des Urchristentums, insonderheit des Paulus, zu sozialethischen Fragen in einem ziemlich breiten Konsens immer wieder auf den „apokalyptischen Passivismus" verwiesen, „der alles vom Weltende, nichts von einer Weltreformation erwartet"[30]. Die apokalyptische Weltdistanz, die Paulus mit dem Urchristentum teilt, verhindert demnach eine prinzipielle Auseinandersetzung mit den bestehenden Ordnungen vom Evangelium her. Die unter eschatologischem Vorbehalt getroffenen Regelungen im sozialethischen Bereich tragen daher den Charakter der Vorläufigkeit an sich und sind darauf gerichtet, „kurzfristig und im engsten Kreis Gemeinschaft zu gestalten und Liebe zu üben"[31]. Speziell für die Sklaverei würde das bedeuten, daß diese Institution in apokalyptischer Weltdistanz und Weltindifferenz hingenommen und lediglich für den Bereich der Gemeinde mit dem Geist des christlichen Brudergedankens erfüllt wird.

Die Nähe von 1 Kor 7,17–24, wo unzweideutig ein bestimmtes Interesse am Bleiben in den bestehenden Verhältnissen zu Wort kommt, zu dem in 7,29–31 formulierten eschatologischen Vorbehalt gegenüber der Welt und ihren Ordnungen scheint die Richtigkeit der unter apokalyptischem Vorzeichen durchgeführten Interpretation der sozialethischen Weisungen des Paulus zu bestätigen. Für wen die urchristliche Botschaft bedeutet,

---

[30] Dibelius, Urchristentum 17. Vertreter dieser Interpretation in jüngster Zeit u.a. S. Schulz, Evangelium und Welt. Hauptprobleme einer Ethik des Neuen Testaments, in: Festschr. f. H. Braun, 1973, 489f; A. Suhl, Der Philemonbrief als Beispiel paulinischer Paränese: Kairos 15 (1973) 276f.

[31] Dibelius, Urchristentum 199.

daß „die Zeit zusammengerafft" und „die Gestalt dieser Welt schon im Vergehen begriffen" ist (7,29.31), der kann in der Tat konsequenterweise nicht an eine Neugestaltung der Welt denken. Im konkreten Fall der Sklaverei zum Beispiel wird er eher zu passiver Hinnahme geneigt sein und dem Sklaven zum Bleiben in seinen sozialen Verhältnissen raten[32].
So plausibel dies klingt und so gern die Exegese nach dieser Lösung greift, um die für heutiges Verständnis unbefriedigende Einstellung des Paulus zur Sklaverei begreiflich zu machen[33], so wird man dennoch überlegen müssen, ob die paulinische Position damit nicht in eine verzerrte Perspektive gerät. Immerhin ist der eschatologische Vorbehalt von 1 Kor 7,29–31 nur mit der Diskussion um die Ehelosigkeit verknüpft, nicht aber mit der Sklavenparänese von 7,20–24. Auch in anderem Zusammenhang begegnet in den Paulus-Briefen dieses bemerkenswerte Nebeneinander von konkreter Paränese, die auf der Respektierung der bestehenden Ordnungen basiert, und apokalyptisch-eschatologischer Ausrichtung der Gemeinde, ohne daß jeweils eine direkte Beziehung zwischen beiden hergestellt würde. Man beachte die Mahnung zu geradezu fragloser staatsbürgerlicher Unterordnung in Röm 13,1–7 mit der Begründung, alle staatliche Gewalt stamme von Gott[34], neben der eschatologischen Motivierung 13,11–14, den Kairos richtig einzuschätzen, daß nämlich die Stunde schon da ist, „vom Schlaf aufzustehen". Die Nacht ist vorgerückt, der Tag ist nahegekommen. Die Gemeinde in Thessalonike ist einerseits intensiv an der Parusie orientiert (1 Thess 1,10; 2,19; 3,13; 4,13–5,11; 5,23), wird aber zugleich angehalten, in Ruhe der täglichen Arbeit nachzugehen, „damit ihr (bürgerlich-)anständig lebt vor denen draußen" (4,11f).
Man wird in diesen Fällen das eschatologische Motiv gewiß nicht in der Weise mit der konkreten Paränese in Beziehung setzen dürfen, als ob mit dem eschatologisch einschränkenden „solange noch" vom Ernst der konkreten Paränese etwas zurückgenommen werden sollte. Wenn es überhaupt legitim ist, die sozialethische Mahnung in direkter Beziehung zum eschatologischen Motiv zu interpretieren, dann höchstens dergestalt, daß

---

[32] S. z.B. Merk, Handeln 114; Gayer, Stellung 222. Bei all dem sollte man immer im Auge behalten, daß das Urchristentum als winzige Minorität, deren Eigentliches ohnehin nicht religiös motivierte Sozial- und Gesellschaftsreform war, keinerlei Möglichkeit hatte, gültige Ordnungen institutionell zu verändern.

[33] Von apologetischer Entschärfung dieses Problemkomplexes zugunsten des Paulus, wie Klein, Christusglaube 51, vorwirft, braucht man deshalb noch nicht reden. Vielmehr handelt es sich um einen legitimen Versuch, den kirchengeschichtlichen Standort des Paulus verständlich zu machen.

[34] Zum Ganzen vgl. Laub, Paränese 264f.

die konkrete Einzelparänese durch die eschatologische Ausrichtung der Gemeinde eine zusätzliche Dringlichkeit bekommt, etwa so: Gerade weil die Nacht vorgerückt und der Tag nahegekommen ist (Röm 13,12), ist für den Glaubenden die Respektierung der staatlichen Gewalt (13,1–7) um so angemessener. Sie ist ein Stück jenes „vernunftgemäßen Gottesdienstes" und des „Willens Gottes", wovon Röm in der Einleitung zum paränetischen Briefteil spricht (12,1f). Wie für die ganze Reihe der konkreten Einzelweisungen in Kap. 13 und 14, so muß in der Tat ja auch für den Sinnabschnitt 13,1–7 die Beurteilung von der ganzen umrahmenden Klammer 12,1–2 und 13,11–14 her erfolgen und darf nicht auf 13,11–14 eingeschränkt werden. Steht aber die „staatsbürgerliche" Paränese von 13,1–7 unter dem Vorzeichen des „vernünftigen Gottesdienstes" und des „Willens Gottes", dann ist es eben nicht mehr legitim, den anstößigen Satz von den vorhandenen, von Gott eingesetzten Obrigkeiten einseitig im Rahmen des eschatologischen Vorbehalts zu interpretieren: „,die noch vorhandenen' Obrigkeiten und ,solange sie noch vorhanden sind'", und damit die geforderte staatsbürgerliche Unterordnung ausschließlich von der Erkenntnis motiviert zu sehen: „Es lohnt sich nicht mehr, die Christen können und wollen das Bestehende nicht mehr ändern; so soll – für diese kurze Zeitspanne – in Geltung bleiben und respektiert werden, was in Geltung steht"[35]. Ein derartiges Verständnis der in Röm 13,1–7 geforderten Unterordnung unter die staatliche Gewalt als apokalyptisch motivierte passive Hinnahme einer gültigen Ordnung wird weder der Akzentsetzung durch 12,1f noch dem Duktus des Abschnitts 13,1–7 selbst gerecht. In der die paränetischen Kapitel 12 und 13 abschließenden eschatologischen Motivierung ist ja auch nicht nur von der Nähe des Tages die Rede, sondern – aus paulinischer Sicht damit zusammenhängend – auch von einem dementsprechenden „(bürgerlich-)anständig leben" (V. 13), was sachlich doch zusammengehören dürfte mit dem „vernünftigen Gottesdienst" und dem „Willen Gottes" von 12,1f. Darunter fällt dann eben auch das Ernstnehmen der in 13,1–7 ausgesprochenen Mahnung[36].

Bei der Interpretation der sozialethischen Weisungen des Paulus im Kontext seiner Eschatologie wird man also grundsätzlich davon auszugehen haben, daß der Apostel immer an beidem zugleich festhält: am

---

[35] Dibelius, Rom 10. Dibelius geht denn auch mit keinem Wort auf Röm 12,1f und eine mögliche Beziehung zu 13,1–7 ein.

[36] So weit zu sehen ist, wird dieser Sachverhalt weder von Dibelius noch von denen, die ihm gefolgt sind, in Anschlag gebracht.

eschatologischen Enthusiasmus, der um die vorgerückte heilsgeschichtliche Stunde weiß, und am Ernstnehmen der bestehenden gültigen Ordnungen. Der 1 Thess kann dies nur bestätigen. In keinem anderen seiner Briefe zeigt sich Paulus mit seiner Gemeinde so intensiv an der Parusie orientiert wie in diesem. Sollten seine Adressaten ihn aber in der Weise verstanden haben, daß sie aus der Naherwartung Konsequenzen für den Arbeitsalltag zu ziehen geneigt sind, dann gilt es zu erkennen, daß es sich dabei um ein Mißverständnis handelt, daß der Arbeitsalltag nach wie vor seine Gültigkeit hat (1 Thess 4,11 f)[37]. Bei seiner Mahnung zu geordneter Arbeit vermeidet Paulus jede Bezugnahme auf das Parusie-Thema, vor allem vermeidet er eine Formulierung seiner Paränese, die es ermöglichte, sie unter dem Vorzeichen des eschatologischen Vorbehalts zu lesen: Respektierung des Arbeitsalltags, solange diese Welt mit ihren Ordnungen noch Bestand hat.

Dieses Festhalten an beidem zugleich ist geradezu als der hermeneutische Schlüssel anzusehen, will man Paulus mit seinen sozialethischen Weisungen im Kontext seiner Eschatologie sachgemäß interpretieren[38]. Um einem Mißverständnis vorzubeugen, muß allerdings folgendes hinzugefügt werden: Paulus macht sich mit seiner diesbezüglichen konkreten Paränese primär nicht zum Sprecher für bestimmte soziale und gesellschaftliche Verhältnisse um ihrer selbst willen, gleichsam als ein für bestimmte soziale und gesellschaftliche Verhältnisse Engagierter, vielmehr geht es ihm zunächst immer um eine übergeordnete Zielsetzung. Für 1 Kor 7,20–24 ist das schon deutlich geworden. Es ist die Frage, wie der Sklave seine Berufung als Christusgläubiger im Rahmen seines sozialen Status zu verstehen und zu verwirklichen habe. Im 1 Thess ist es die Sorge, die Gemeinde könnte durch enthusiastische Mißachtung der Alltagsgegebenheiten sich und das Evangelium „vor denen draußen“ in Mißkredit bringen (4,12)[39]. Für Röm 13,1–7 ist die Frage der konkreten

---

[37] Ob die akute Gefahr eines eschatologischen Enthusiasmus angesichts der erwarteten Parusie zu dieser Paränese veranlaßt hat, läßt sich schwer ausmachen. Vgl. dazu Laub, Verkündigung 174–178.

[38] Zur Gesamtthematik vgl. O. Kuss, Enthusiasmus und Realismus bei Paulus, in: ders., Auslegung und Verkündigung I, 1963, 260–27.

[39] Man beachte das gleiche εὐσχημόνως (bürgerlich-anständig) wie in Röm 13,13, wo mit dem Hinweis auf die „Nähe des Tages“ mit diesem Ausdruck ein konkretes Handeln verlangt und nicht der eschatologische Vorbehalt gegenüber staatlicher Gewalt im Sinn des „solange noch“ ins Feld geführt wird. In der Bedeutung von „ordentlich“, „anständig“, begegnet εὐσχημόνως im NT nur in der paulinischen Paränese. Vgl. H. Greeven, ThWNT II 768–770.

Veranlassung nach wie vor umstritten. Die Antworten reichen vom Hinweis auf die Gefahr durch den christlichen Enthusiasmus über die Vermutung eines antirömischen Affekts in der Gemeinde bis hin zur Konstatierung eines noch unbelasteten Verhältnisses zwischen jungem Christentum und römischem Imperium[40]. Aber möglicherweise geht es Paulus einfach darum, gerade der Gemeinde in Rom, die die Wirklichkeit staatlicher Gewalt in besonderem Maße tagtäglich vor Augen hatte, für diesen Alltagsbereich eine Lebensregel zur Hand zu geben, die den Bestand der Gemeinde nach außen garantieren soll[41]. Auch mit dem Pochen auf die antike patriarchalische Unterordnung der Frau unter den Mann (1 Kor 11,1–16) verfolgt Paulus primär ein übergeordnetes Ziel. Er muß versuchen, das enthusiastische Durcheinander in der gottesdienstlichen Versammlung in halbwegs geordnete Bahnen zu lenken[42]. Erst wo die übergeordnete Zielsetzung nicht mehr gesehen und verstanden wird, kommt es wirkungsgeschichtlich zu einer Transponierung der konkreten Einzelparänese ins Prinzipielle mit entsprechenden Konsequenzen.

Kehrt man von den Parallelbeispielen sozialethischer Mahnung zur paulinischen Sklavenparänese zurück, dann drängt sich die Frage auf, wie 1 Kor 7,20–24 im direkten Zusammenhang mit dem in 7,29–31 formulierten eschatologischen Vorbehalt eigentlich zu lesen wäre. Doch nicht anders als so: „Weil die Zeit nur noch kurz und die Gestalt dieser Welt schon im Vergehen begriffen ist, soll und kann der Sklave, solange die Welt mit ihren Ordnungen noch Bestand hat, in seinem sozialen Status als Sklave bleiben“. Aber gerade dies läuft, wie die oben durchgeführte Exegese der Stelle erkennen läßt, der christologisch-soteriologischen und ekklesiologischen Ernsthaftigkeit zuwider, mit der Paulus von der Mitte seines Evangeliums her dem Sklaven zum Bleiben in seinem sozialen Status rät. Dem fügt sich nur ein, wenn der Philemonbrief mit den nämlichen

[40] Käsemann 339: „Nicht übersehen läßt sich, daß die Derivate des Stammes ταγ- in unseren Versen das Leitmotiv abgeben. ... Ihre unübersehbar antienthusiastische Funktion wird auch sonst in den paulinischen Briefen sichtbar“. G. Delling, Römer 13,1–7 innerhalb der Briefe des Neuen Testaments, 1962,18f, rechnet mit der Gefahr einer antirömischen Strömung in der Gemeinde. O. Kuss, Paulus über die staatliche Gewalt, in: ders., Auslegung und Verkündigung I, 1963, 257, verweist zur Erklärung der Ungebrochenheit, die aus Röm 13,1–7 spricht, auf die Möglichkeit, daß sich „eine Konfliktslage ... offenbar noch nicht ergeben“ hat.

[41] Vgl. Laub, Paränese 264f.

[42] Wie wenig „dogmatisch“ die Forderung der Kopfbedeckung der Frau als Ausdruck der Unterordnung gemeint ist, wird deutlich, wenn Paulus in 1 Kor 11,11f die vorausgehende Argumentation wieder halb zurücknimmt.

theologischen Argumenten wie 1 Kor 7,20–24[43] für die brüderliche Aufnahme und Gleichstellung des entlaufenen und inzwischen gläubig gewordenen Onesimus in der Hausgemeinde des Philemon wirbt, ohne daß das eschatologische Motiv im Sinn von 1 Kor 7,29–31 irgendeine Rolle spielte[44].

Nimmt man daher die christologisch-soteriologische und ekklesiologische Argumentation ernst, mit der Paulus eine vom christlichen Brudergedanken getragene Gleichstellung des Sklaven innerhalb der Gemeinde verficht und gesellschaftlich-rechtliche Maßstäbe der Antike damit relativiert, dann erscheint seine Position in der Tat „theologisch diskutierbar und kann nicht mehr einfach dadurch ins Historische abgeschoben werden, daß man auf ihre Verwurzelung in einer weltflüchtigen, apokalyptischen Naherwartung hinweist"[45].

Mit all dem bleibt der Standpunkt des Paulus in der Sklavenfrage natürlich nach wie vor zeit- und situationsbedingt. Im modernen sozialreformerischen und anthropologischen Sinn ist das Problem der Sklaverei als solches nicht gesehen. Paulus kann von Freiheit und Gleichstellung des Sklaven reden, ohne auch nur mit einem Wort die gesellschaftlich-rechtliche Seite der Sklaveninstitution in Zweifel zu ziehen. Die Paradoxie, die diese Position für modernes Verständnis birgt, läßt sich vielleicht so formulieren: Indem Paulus die Freiheit im gesellschaftlich-sozialen Sinn mit der Dialektik „Freigelassener des Kyrios – Sklave des Kyrios" als irrelevant erklärt und so die zu praktizierende Bruderschaft zwischen Freien und Sklaven ermöglicht, wird die Institution der Sklaverei im Raum der Gemeinde zwar unterlaufen, aber eben so, daß mit dieser Art der praktizierten theologischen Kritik an einer gültigen Ordnung diese selbst unangetastet bleibt und damit die Möglichkeit einer entsprechenden Auslegungs- und Wirkungsgeschichte eröffnet ist. Das Defizit an Problembewußtsein gegenüber der institutionalisierten Unfreiheit in der

---

[43] Eichholz, Paulus 283, nennt den Philemonbrief nicht zu Unrecht einen Kommentar zu 1 Kor 7,20–24.

[44] Merk, Handeln 114 u. 227, liest zwar 1 Kor 7,20–24 unter dem eschatologischen Vorbehalt, nicht aber Phlm, ohne dabei in Rechnung zu setzen, wie sehr in beiden Texten die theologische Argumentation parallel läuft, wie sehr aber zugleich durch den eschatologischen Vorbehalt diese theologische Argumentation wieder in Frage gestellt wird. Phlm ist daher der beste Beweis, daß die Verbindung von 1 Kor 7,20–24 mit 7,29–31 unzulässig ist. Zu bedenken wäre auch, daß die Aufforderung zum „Bleiben" in gleicher Weise wie für die Sklaven auch für die Beschneidungsfrage gilt (7,17–19). Und hier ergibt der eschatologische Vorbehalt gewiß nicht viel Sinn.

[45] Stuhlmacher 48.

Form der Sklaverei oder, allgemein formuliert, das Defizit an christlicher Weltverantwortung, das hier der moderne Betrachter dem Paulus anzukreiden geneigt ist, ist aber nicht mehr über die Eigenart paulinischer Theologie zu verrechnen. Wenn vielmehr aus heutiger Sicht der paulinischen Sklavenparänese das negative Prädikat „sozial-konservativ" anhaftet, dann hat das geistesgeschichtlich zutiefst mit dem „Aufkommen des neuzeitlichen Geschichtsdenkens" und dem modernen anthropologischen Bewußtsein zu tun[46]. Oder wenn andererseits in theologischen Gegenwartsströmungen die in Christus gewonnene Freiheit und Gleichstellung der Menschen, von denen Paulus redet, verstanden werden als solche, die sich auch sozial und gesellschaftlich auswirken müssen, damit überhaupt von Freiheit und Gleichstellung geredet werden kann, dann kam diese Erkenntnis und Forderung gewiß nicht durch einfache historische Ableitung aus neutestamentlichen Aussagen zuwege, vielmehr wurden auf dem Hintergrund eines gewandelten Verständnisses vom Menschen und seiner Welt die neutestamentlichen Aussagen neu gelesen. Daß dabei die Gefahr einer vordergründigen politischen Vereinnahmung und Überforderung des Neuen Testaments nicht von der Hand zu weisen ist, wird zum Beispiel dort augenfällig, wo der paulinische Freiheitsbegriff geradlinig und allzu unreflektiert in den Bereich moderner Gesellschaftskritik hinein verlängert und angewandt wird. Wie divergierend aber die Positionen hier und dort zunächst sind, mag man an dem schon genannten Faktum ablesen, daß Paulus die Proklamation des Freiseins in Christus mit der Aufforderung zum Bleiben im sozialen Status eines Sklaven verbindet. Im Grunde genommen sperrt sich Paulus gegen beides: gegen glatte Ableitungen und eine vorschnelle Vereinnahmung im Sinn einer neutestamentlich-theologischen Legitimation, was die Problematik christlicher Weltverantwortung heute anlangt. Er läßt sich andererseits aber auch nicht einfach in die Historie abschieben, sondern bleibt mit der Art, wie er seine Sklavenparänese christologisch-soteriologisch und ekklesiologisch begründet, theologisch diskutierbar[47].

---

[46] Gräßer, Herausforderung 328.
[47] Vgl. Stuhlmacher 48.

V. Sklaven in Mission und Gemeinde nach der frühchristlichen Haus- und Gemeindetafeltradition

Am regelmäßigsten und ausführlichsten an die Sklaven und Sklavenbesitzer in ihren Gemeinden wenden sich die Verfasser der neutestamentlichen Schriften im Rahmen der sogenannten Haustafeln. Es handelt sich um die Texte Kol 3,22–4,1 im Rahmen von 3,18–4,1; Eph 6,5–9 im Rahmen von 5,21–6,9; 1 Petr 2,18–25 im Rahmen von 2,11–3,7. Auf der gleichen Ebene, was die sozialethische Tendenz anlangt, liegt die Sklavenmahnung der Pastoralbriefe 1 Tim 6,1f und Tit 2,9f, wenngleich hier der direkte Zusammenhang des Haustafelschemas nicht gegeben ist, sondern der Personenkreis des Oikos gesprengt und erweitert erscheint, indem jetzt die verschiedenen Gruppen und Stände der Gesamtgemeinde in den Blick kommen (1 Tim 2,1–6,2a; Tit 2,1–10). Ähnlich ist der Sachverhalt bei den Apostolischen Vätern. Im Rahmen der Gemeinde- oder Ständetafel Pol 4,1–6,2 hat Ignatius ein Wort der Mahnung für Herren und Sklaven (4,3). Der Verfasser des Barnabasbriefes orientiert sich bei seiner Paränese am sogenannten Zwei-Wege-Schema (18–20)[1] und spricht dabei Sklaven und Herren direkt an (19,7). Auch Did 1–6 basiert auf dem nämlichen Zwei-Wege-Schema[2] und wendet sich 4,9f an den Mann hinsichtlich seiner Pflicht gegen Sohn, Tochter, Sklave, um anschließend in direkter Anrede die Sklaven zur Unterordnung gegenüber ihren Herren aufzufordern (4,11). Am ausgeprägtesten von all diesen Texten ist 1 Clem 21,4–9 am Oikos orientiert, weil hier ganz offenkundig die Männer in ihren Aufgaben und Pflichten als „Hausherren" eingewiesen werden. Wenn irgendwo, dann kann man hier von einer „Haustafel" im eigentlichen Sinn sprechen. Nur fehlt die Relation Herren–Sklaven. Sie fehlt auch im Brief des Polykarp Phil 4,2–6,1, wo Haustafel und Gemeindetafel sich vermischen. Denn zunächst werden wiederum die Männer in ihrer Position als „Hausherren" auf ihre religiöse Verpflichtung und ihre Aufgabe der Unterweisung ihren Frauen gegenüber aufmerksam gemacht, dann wen-

[1] Barn 18,1b: „Zwei Wege der Lehre und des Herrschaftsbereichs gibt es, den des Lichts und den der Finsternis". Kap. 19 entfaltet in einer umfangreichen Auflistung ethischer Verhaltensweisen den Weg des Lichts, Kap. 20 mit umgekehrtem Vorzeichen den der Finsternis.

[2] Did 1,1: „Zwei Wege gibt es, einen des Lebens und einen des Todes, gewaltig aber ist der Unterschied der zwei Wege". Den Weg des Lebens skizziert der in Kap 1–4 gezeichnete sittliche Wandel, den Weg des Todes das in Kap 5–6 geschilderte Verhalten. Zur Tradition der Zwei-Wege-Paränese vgl. Laub, Verkündigung 192–200.

det sich der Verfasser an verschiedene Gruppen der Gesamtgemeinde, die allerdings – von den Diakonen und Presbytern abgesehen – für den Oikos konstitutiv sind.
Vom letztgenannten Gesichtspunkt aus betrachtet liegen die hier aufgezählten Texte alle nicht sehr weit auseinander. Denn alle wenden sich direkt oder über den Episkopos oder Presbyter an die verschiedenen sozialen Gruppen und Stände in der jeweiligen Gemeinde, wobei die Schichtung des Personenkreises, der den Oikos konstituiert, mehr oder weniger identisch sein kann mit der entsprechenden Gemeindeparänese wie in den oben genannten Texten aus Kol, Eph und 1 Petr, oder es kommen gemeindespezifische Gruppen wie Diakone und Presbyter hinzu, wie in den Pastoralbriefen oder in der Frühpatristik. So gesehen kann man geteilter Meinung darüber sein, ob der Begriff „Haustafeln" für die hier zur Diskussion stehende paränetische Tradition angemessen ist[3]. Aber immerhin erinnert der Terminus an einen sozialgeschichtlichen Hintergrund, der für das historische Verständnis dieser neutestamentlich-frühchristlichen Tradition und damit für das historische Verständnis der Thematik „Frühchristentum und Sklaverei" nicht wenig beizutragen vermag. Die Forschung ist mit dem Begriff „Haustafeln" immer wie selbstverständlich umgegangen, ohne jedoch dem damit angedeuteten sozialgeschichtlichen Realitätsbezug viel Beachtung zu schenken. Um so mehr hat sie sich auf die Frage nach der Herkunft der literarischen Form fixiert[4].

[3] Vgl. dazu Thraede, Hintergrund 359 Anm. 1. Eine Haustafel im strengen Sinn liegt eigentlich nur in 1 Clem 21,4–9 vor, weil hier der Mann in seine Pflichten als „Hausherr" gegenüber dem Personenkreis des Oikos eingewiesen wird. Wenn einleitend die religiösen Pflichten des *oikodespotes* selbst genannt werden, dann ist das lupenreine Oikonomik, wie sie schon Xenophon vertraut ist (vgl. Oik.XI 8).

[4] Der Beitrag von K. H. Rengstorf, Die neutestamentlichen Mahnungen an die Frau, sich dem Manne unterzuordnen, in: FS f. O. Schmitz, 1953, 131–145, hätte mehr Beachtung verdient, als ihm geschenkt wurde, weil hier die Fragestellung ernsthaft beim antiken Oikos ansetzt. Allerdings versteht Rengstorf die Haustafeln zu einseitig als genuin christliche Schöpfung. Es ist das Verdienst von D. Lührmann, NTS 27 (1980/81) 83–97, erstmals die neutestamentlichen Haustafeln von der antiken Oikonomik her angegangen zu sein. Vgl. ders., WuD NF 13 (1975) 76–83; ferner D. L. Balch, „Let wives be submissive . . .", 1974, speziell zu 1 Petr. Wenn Klauck, Hausgemeinde 47, die Bezugnahme auf die Oikonomik lediglich als eine weitere Parallele zu den bisherigen Ableitungsversuchen des literarischen Haustafelschemas wertet, dann übersieht er, daß es bei der Problemstellung von Lührmann nicht mehr um ein literarisches „Formschema" geht, sondern um den sozialgeschichtlichen Hintergrund der ganzen Tradition.

1. ANTIKER OIKOS UND ANTIKE OIKONOMIK ALS SOZIALGESCHICHTLICHER HINTERGRUND DER HAUS- UND GEMEINDETAFELTRADITION

Bei der Erörterung des oikonomischen Schrifttums hat sich gezeigt, daß ein sachlicher Zusammenhang zwischen der Oikonomik bzw. ihrem Gegenstand, dem antiken Oikos, und dem Quellenmaterial, mit dem die Forschung seit M. Dibelius immer wieder der Herkunft des neutestamentlichen Haustafel-Schemas nachgespürt hat, nicht von der Hand zu weisen ist[5]. Zugleich trat dabei eine Variabilität dieses Quellenmaterials – das neutestamentlich-frühpatristische nicht ausgeschlossen – zutage, daß so recht eigentlich gar nicht gesagt werden kann und auch nie gesagt wurde, was denn nun die literarische Form dieser ethisch-paränetischen Tradition ausmache. Einige literarisch-formale Elemente, die allerdings nicht generell durchgehalten werden, lassen sich beibringen. Ohne das im einzelnen hier noch einmal auszubreiten, wäre vor allem auf die Gegenüberstellung einander zugeordneter Personen zu verweisen: Mann–Frau, Vater (Eltern)–Kinder, Herr–Sklave. Sie ist typisch für die Haustafeln des Kol, Eph und 1 Petr, ist aber in den Pastoralbriefen und den Apostolischen Vätern in dieser Eindeutigkeit nicht vorhanden. Dagegen bilden diese Relationen den literarischen Rahmen der klassischen Oikonomik, sofern sie sich mit den menschlichen Beziehungen im Oikos befaßt. Aber gerade dem hat die Forschung bisher kaum Beachtung geschenkt. Symptomatisch dafür ist die Tatsache, daß die Stelle, wo Aristoteles im Rahmen seiner Oikonomik auf die genannten drei Relationen des Oikos zu sprechen kommt, in der Haustafel-Forschung nirgends ernsthaft erörtert wird[6]. Sie wird es deshalb nicht, weil der Oikos als die sozialgeschichtliche Realität hinter der Haustafeltradition nie ernsthaft in die Überlegungen einbezogen wurde. Unter dem Einfluß stoischen Denkens und ihrer sogenannten Beziehungsethik spielt das καθῆκον-Motiv (das

---

[5] S. dazu o. II 2 u. 3.

[6] Pol. I 1253 1–8: „Nachem offenkundig ist, aus welchen Teilen die Polis zusammengesetzt ist, ist zunächst über die *oikonomia* zu sprechen. Denn jede Polis ist aus ‚Häusern' zusammengesetzt. Die Teile der *oikonomia* aber sind jene, aus denen wiederum ein ‚Haus' zusammengefügt ist. Das vollständige ‚Haus' aber besteht aus Sklaven und Freien. Da aber in den kleinsten Teilen zunächst jedes zu untersuchen ist und die ersten und kleinsten Teile des ‚Hauses' Herr und Sklave, Gatte und Gattin, Vater und Kinder sind, so sind diese drei (Relationen) zu untersuchen, was jede sei und wie sie sein soll".

Geziemende) eine Rolle[7]. Es taucht verschiedentlich in der christlichen Haustafeltradition auf, ist aber für die Form nicht so bestimmend, daß man darin immer eine Analogie zur stoischen Pflichtentafel sehen müßte[8]. Andererseits begegnet in dieser moralphilosophischen Pflichtentafel der Sklave nur ganz selten[9], wogegen seine Erwähnung in der Oikonomik und in der christlichen Tradition zum festen Bestand gehört. Daß der Adressat der freie Mann und Bürger ist, haben dagegen die Oikonomik, die stoische Pflichtentafel und teils die frühchristlichen Parallelen[10] gemeinsam.

Die Variabilität des Quellenmaterials spiegelt sich denn auch sehr lebhaft in der Variabilität der Forschungsergebnisse wider[11]. Die neutestamentlichen Haustafeln sind von einer Art, daß man ihre Gestalt je nach der Perspektive, aus der man sie betrachtet, aus der Stoa[12] oder aus dem alttestamentlich-hellenistischen Judentum[13] herleiten oder sie gleich als eine genuin christliche Bildung[14] deuten konnte. Ein zutreffender Aspekt ist bei all diesen Interpretationsversuchen sicher gesehen. Zugleich aber wird daran deutlich, daß auf diesem einseitig literar-historischen Weg eine halbwegs befriedigende Antwort auf die Frage nach der Herkunft der Haustafeln im frühchristlichen Milieu nicht gegeben werden kann. Was in Wahrheit das hier zur Diskussion stehende Quellenmaterial verbindet, ist nicht nur eine literarische Form, viel stärker noch sind es inhaltlich-sachliche Aspekte, die dazu berechtigen, diese Textzeugen unter dem

---

[7] Vgl. G. Nebel, Der Begriff des ΚΑΘΗΚΟΝ in der alten Stoa: Herm 70 (1935) 439–460.

[8] Die stoische Formulierung begegnet in der christlichen Tradition selber nicht. Einen analogen Sinn jedoch haben Ausdrücke wie ἀνῆκεν (Kol 3,18); εὐάρεστον (Kol 3,20); τὸ δίκαιον καὶ τὴν ἰσότητα (Kol 4,1); δίκαιον (Eph 6,1; 1 Clem 21,4).

[9] So etwa Plutarch, De educ. 10.

[10] So gesehen liegt 1 Clem 21,6–9 ganz auf der Linie der Oikonomik, indirekt auch die Pastoralbriefe oder IgnPol 4,1–6,2, wo der Episkopos gleichsam in der Rolle des oikodespotes die einzelnen Stände in ihre Pflichten einzuweisen hat.

[11] Vgl. den Überblick bei Gnilka, Kol 207–210.

[12] Dibelius, Kol 48–51; K. Weidinger, Die Haustafeln. Ein Stück urchristlicher Paränese, 1928.

[13] J. E. Crouch, The Origin and Intention of the Colossian Haustafel, 1972. Ausschließlich alttestamentlich-jüdisch verwurzelt sieht Lohmeyer, Kol 153–155, die Haustafeltradition.

[14] D. Schroeder, Die Haustafeln des Neuen Testaments. Ihre Herkunft und ihr theologischer Sinn, 1959. L. Goppelt, Jesus und die „Haustafel"-Tradition, in: FS f. J. Schmid, 1973, 93–106, unternimmt gar eine Herleitung aus der Jesus-Tradition.

Gesichtspunkt einer gemeinsamen Tradition zu betrachten. Näherhin ist es die inhaltliche Identität mit antiken sozialethischen Wert- und Ordnungsvorstellungen, wie sie in der antiken Oikos-Wirklichkeit verwurzelt sind. Vor allem die herausgehobene soziale Stellung des Mannes und freien Bürgers gibt den genannten Texten ein verbindendes Gepräge[15]. Sie kann je verschieden zum Ausdruck kommen. So richtet sich die Oikonomik als „Lehre vom Hauswesen" und der Kunst der Haushaltsführung, die nach antikem Verständnis die Kunst der Menschenführung einschließt, ihrem Wesen gemäß an den Mann als dem „Hausherrn". Aber auch die Pflichtentafel, die stoische und die von ihr beeinflußte jüdisch-hellenistische, wendet sich an den Mann und umreißt, indem sie seine Pflichten gegenüber den verschiedenen Personen und Personenkreisen auflistet, mehr oder weniger seine Position im Oikos. Die Untersuchung hat gezeigt, daß zum Beispiel die Nennung von Gott und Polis in diesem Rahmen durchaus im Sinn der Oikonomik ist. Es läßt sich beobachten, wie in der entsprechenden frühchristlichen Tradition im persönlichen Bereich wie in der Gemeindeordnung der Mann zunehmend in diese Stellung des *oikodespotes* einrückt. Während zum Beispiel die Haustafeln des Kol, Eph und 1 Petr die einzelnen am Personenkreis des Oikos orientierten Gruppen in der Gemeinde direkt ansprechen, weist in 1 Clem 21,6–9 analog zur Oikonomik der Mann auf Grund seiner Position im Oikos die anderen in ihre jeweiligen Pflichten ein, ähnlich PolPhil 4,2f. Auch Did 4,9f spricht den Mann als „Hausherrn" an, allerdings nur in dem, was sein eigenes Verhalten gegen Sohn, Tochter und Sklave betrifft. Vor allem aber macht sich die soziale Struktur des Oikos dort auf Gemeindeebene geltend, wo der Episkopos die am Oikos interessierten und die gemeindespezifischen Gruppen in ihre Pflichten eines christlichen Lebenswandels einzuführen hat. Das gilt für 1 Tim 2,8–6,2a und Tit 2,1–10 ebenso wie für IgnPol 4,1–6,2, wogegen Polykarp, nachdem er Phil 4,1–3 die Männer und über sie die Frauen und Witwen ermahnt hat, die einzelnen Gruppen selber anspricht (5,1–6,1). Die Adressatengemeinde ist zu dieser Zeit offensichtlich noch nicht episkopal verfaßt. Es werden ja auch nur Diakone (5,2) und Presbyter (6,1) genannt im Unterschied etwa zu IgnPol 6,1.

In den Haustafeln des Kol, Eph und 1 Petr kommt die Oikos-Stellung des Mannes in der an die Frauen, Kinder und Sklaven gerichteten Mahnung zu Unterordnung und Gehorsam zum Ausdruck. Diese Art von Paränese muß nicht in sich schon Indiz für ein besonderes Interesse an Über- und

[15] S. o. II 3, 28–31.

Unterordnungsverhältnissen sein. Man kann darin zunächst auch die Struktur des Oikos erkennen, die jetzt im sozialethischen Imperativ ihren Niederschlag gefunden hat. So gesehen ist die Haustafel primär eine Anweisung, im Rahmen der gültigen Ordnung des Oikos das Gläubigsein zu bewähren, jeder an dem Ort, an dem die soziale Struktur des „Hauses" ihm seinen Platz vorgesehen hat. Die spezifisch christlichen Motive, die die neutestamentlichen Haustafeln durchziehen und auf die die Exegese immer mit Recht abgehoben hat, wie etwa die *agape* (Kol 3,19; Eph 5,21–33) oder das Motiv der „gleichmachenden" Christusherrschaft und des Gerichts (Kol 3,24f; 4,1; Eph 6,9), haben dabei gewiß im Sinn eines sozialen Ausgleichs zwischen den angesprochenen sozialen Schichten gewirkt oder zumindest wirken wollen[16]. Allerdings zieht sich die Unterordnungsmahnung in einer Deutlichkeit durch die ganze in unserem Zusammenhang zu besprechende frühchristliche Tradition, daß dem noch eigens Beachtung zu schenken sein wird.

Nimmt man zu diesem sozialethischen Rang des Oikos seine soziologische Bedeutung für Mission und Gemeindebildung im Frühchristentum hinzu, dann beantwortet sich damit wie von selbst eine Frage, die die Exegese immer wieder beschäftigt hat, die Frage nämlich, wie die Haustafelparänese in das frühchristliche Milieu Eingang gefunden habe, was ihr „Sitz im Leben" des Frühchristentums sei. Die Auskünfte fallen dabei merkwürdig diffus und widersprüchlich aus. Wo die nachlassende Parusieerwartung den Interpretationsansatz bildet, werden die Haustafeln zu Zeugen für „das Bedürfnis des jungen Christentums, sich im Alltagsleben einzurichten"[17]. Aber auch das Gegenteil wird gefolgert: die Haustafeln als Indiz dafür, daß es sich angesichts der zu erwartenden Parusie nicht mehr lohnt, an den bestehenden Ordnungen etwas zu ändern[18]. Vor allem im Blick auf die ziemlich umfangreiche Sklavenparänese im Rahmen der Haustafeln wird diesen die Funktion eines Dammes gegen den Enthusiasmus eines emanzipatorisch mißverstandenen Evangeliums zugeschrieben[19] oder man deutet wegen des Interesses der Haustafeltradition an Unter- und Überordnungsverhältnissen das Auftauchen solcher Paränese im Frühchristentum als gezielte „Parteinahme" in einem zeitgenössischen „sozialethischen Richtungsstreit"[20].

---

[16] Vgl. dazu den Beitrag von H.-D. Wendland, Zur sozialethischen Bedeutung der neutestamentlichen Haustafeln, in: ders., Botschaft an die soziale Welt, 1959, 104–114; auch Schrage, Ethik 9–16.

[17] Dibelius, Kol 48.

[18] Merk, Handeln 223.

[19] Crouch, Origin 150f u.ö.

[20] Thraede, Hintergrund 361 u. 365.

Allen diesen unterschiedlichen Interpretationen gegenüber wird man stärker die Bedeutung in Anschlag bringen müssen, die der Oikos in einer Anfangs- und Übergangsphase soziologisch für die frühchristliche Mission und Gemeindebildung hatte. Die Haustafeltradition ist die sozialethische Entsprechung dazu. Mit dem Oikos als Basiselement hat sich das frühe Christentum von Anfang an mitten in der „Welt" niedergelassen und sich damit auch auf ihre Ordnungen – nicht zuletzt die sozialethischen - eingelassen[21]. In diesem Rahmen ergeht die eschatologische Verkündigung mit einem universalen Anspruch, daß zum Beispiel der Sklave, ohne an seinem Status etwas ändern zu müssen, volles Mitglied der neuen Heilsgemeinde sein kann wie sein Herr. In diesem größeren Horizont wird man das Aufkommen der Haustafeltradition zu deuten haben. Damit ist nicht in Abrede gestellt, daß die einzelnen Schriften im Blick auf die spezielle Situation ihrer jeweiligen Adressatengemeinde nicht durchaus eigene Akzente setzen und der Haustafel eine je eigene Funktion zuweisen könnten[22].

Nicht weniger wie das Aufkommen hängt auch das verhältnismäßig rasche Verschwinden des Haustafelschemas mit der Bedeutung des Oikos zusammen. Für ein in größeren Dimensionen sich organisierendes Christentum tritt der christliche Oikos rasch in den Hintergrund. Damit vermag auch ein am Oikos orientiertes paränetisches Schema den Bedürfnissen nicht mehr zu entsprechen. Inhaltlich und intentional wirkt diese Ethik aber sicher weiter[23].

---

21 Lührmann, Haustafeln 86, spricht in diesem Zusammenhang von einem „latent politischen Anspruch" dieses frühen Christentums.

22 Besonders deutlich wird das z.B. im Wort an die Sklaven 1 Petr 2,18–25. Vgl. dazu die ausgezeichnete Kommentierung bei Brox 128–140, besonders die Zusammenfassung 139f. Vgl. auch Goppelt, Prinzipien 20–30.

23 Klauck, Hausgemeinde 47, verweist auf die „Verklärung irdischer Herrschaftsstrukturen" in Did 4,11 und Barn 19,7, wo vom Sklaven Gehorsam gefordert wird mit der Begründung, sein Herr sei „Abbild Gottes". Dann fährt er fort: „Nicht zufällig verschwindet die Haustafeltradition im 2. Jh. n. Chr. wieder", so, als ob sozialethische Skrupel die Haustafeltradition schließlich als unerträglich empfunden hätten. Das ist nun gewiß ein sehr voreiliges Urteil. Denn zum einen haben sich gerade diese beiden Stellen formal schon ziemlich weit vom Haustafelschema entfernt, so man sie in ihrem Kontext liest. Zum andern hört diese theologisch-vertikal begründete Gehorsamsforderung, die sich so in den Haustafeln nicht findet, mit dem Verschwinden der literarischen Eigenart dieser Tradition im kirchlich-sozialethischen Raum beileibe nicht auf.

2. DIE SKLAVENMAHNUNG DER HAUS- UND GEMEINDE-TAFEL ALS INDIZ FÜR DIE SOZIALE INTEGRATIONS-KRAFT FRÜHCHRISTLICHER GEMEINDEN

Läßt man den dargestellten Zusammenhang zwischen Oikos und Haustafel gelten, dann kann noch etwas schärfer präzisiert werden, in welcher Weise und mit welchen Konsequenzen das Frühchristentum in der Haustafeltradition die Oikos-Wirklichkeit sozialethisch rezipiert hat und wie die Sklavenparänese in diesem Rahmen zu bewerten ist.

Das Besondere – im modernen Verständnis das besonders Negative – an dieser Art Sklavenmahnung ist es nicht, daß der Sklave dabei zu Unterordnung und Willfährigkeit aufgefordert wird. Ähnliches erwartet die Haustafel auch von der Frau und den Kindern. Das ist zunächst einfach der Alltag des antiken Oikos. Das Besondere gerade in Hinsicht auf die Sklaven ist es vielmehr, daß hier zwar der sozialen Schichtung des Oikos entsprechende Gruppen angeredet werden, die Sklaven eingeschlossen, aber nicht mehr als Oikos-Gemeinschaft, sondern in der neuen Formierung der *ekklesia*. An dieser Stelle hat die Kritik am Begriff „Haustafeln" in der Tat mit aller Deutlichkeit einzusetzen[24], weil sonst die Akzentverschiebung in Richtung Gemeinde nicht in den Blick kommt. Damit wäre ein Vorgang von großer Tragweite – speziell auch für unser Thema – nicht gesehen. In der Haustafeltradition wird der christliche Oikos von Anfang an in einer Weise von der umfassenderen Gemeinschaft der *ekklesia* her ernstgenommen und zugleich in sie einbezogen, daß seine Struktur zugunsten des Neuen aufgebrochen und relativiert erscheint. Diese Relativierung des christlichen Oikos und die Akzentverschiebung in Richtung Gemeinde ist im Grunde genommen in den sogenannten Stände- und Gemeindetafeln der Pastoralbriefe und der Frühpatristik an ihr Ziel gelangt. Die einzelnen Personen werden jetzt nicht mehr in ihrer dem Oikos gemäßen paarweisen Zuordnung gesehen – Mann–Frau, Vater–Kinder, Herr–Sklave –, wie es die Oikonomik tut, sondern sie werden als einzelne Gruppen der *ekklesia* vom *episkopos* selber angesprochen und belehrt zusammen mit den gemeindespezifischen Gruppen wie Diakone und Presbyter. Das heißt aber nichts anderes, als daß nun auf der Ebene der Gemeinde der *episkopos* in die Stellung eingerückt ist, die in der Oikonomik dem Hausherrn, dem *oikodespotes*, zukommt, nämlich die einzelnen Personen und Personengruppen in ihre Aufgaben und Pflichten einzuweisen. Das Schwinden der Bedeutung des christlichen Oikos und

---

[24] Vgl. Thraede, Hintergrund 359 Anm. 1.

die Zunahme der Autorität des *episkopos* bedingen sich gegenseitig, wenigstens teilweise. Dabei wirkt die Oikosstruktur in der Gemeindestruktur weiter. Der Vorgang spiegelt sich in der Entsprechung von Stände- und Gemeindetafel und episkopal verfaßter Gemeinde wider[25]. Auf diesem Hintergrund wird sichtbar, daß es den frühen Gemeinden mit ihrem Interesse an der Haustafeltradition primär nie um eine so oder so geartete soziale Ordnung ging, sondern um das Christsein in den Gegebenheiten des Alltags. Der Rahmen für dieses Anliegen ist nicht der Oikos, sonder die *ekklesia*. Es konnte ja auch gezeigt werden, daß Oikos und *ekklesia* im ekklesiologischen Sinn nicht identisch sind, sondern daß es immer nur „die nach ‚Häusern' sich formierende *ekklesia*" gegeben hat[26]. Deshalb werden in der Haustafeltradition von Anfang an nicht Oikosgemeinschaften angesprochen, sondern Glieder und Gruppen der Gemeinde, die allerdings der sozialen Schichtung des Oikos entsprechen. Wenn nun in diesem Rahmen neben anderen Gruppen der Gemeinde unterschiedslos auch die der Sklaven angeredet wird, dann wird gerade die Haustafeltradition zum Beweis für die Ernsthaftigkeit, mit der die frühchristlichen Gemeinden die Sklaven in ihren Reihen integrierten. Dies sollte zur Kenntnis genommen werden, noch ehe man in die gewiß legitime Diskussion um die inhaltliche Seite dieser Art Sklavenparänese eintritt, die mit der geradezu stereotypen Unterordnungsforderung vom Sklaven letztlich nichts anderes verlangt als dies, er solle ein guter Sklave sein[27]. Etwas anderes hat auch die Umwelt vom Sklaven nicht erwartet. Aber sie hat diese ihre Erwartung nicht in der Weise in einen sozialethischen Imperativ gekleidet, daß der Sklave dadurch als vollwertige sittliche Persönlichkeit zusammen mit anderen sozialen Gruppen in eine Gemeinschaft integriert worden wäre, wie dies von der Haustafeltradition her in den Blick kommt. Der sozialethische Imperativ der Haus- und Gemeindetafel eröffnet mit dem Ernstnehmen des sozialen Status des Sklaveseins dem Sklaven die Möglichkeit, neben jedem anderen in der Gemeinde im Vollsinn Christ und Gemeindemitglied zu sein. Ein Ethos des Dienens, das die Haustafeltradition entwickelt und das im Status des Sklaven nicht

---

[25] Wenn man mit Klauck, Hausgemeinde 47, von vornherein der Meinung ist, man sollte „keine allzu enge Bindung von Hausgemeinde und Haustafel" postulieren, dann können die oben genannten Zusammenhänge und Vorgänge allerdings nicht in den Blick kommen.

[26] Vgl. o. III 1.

[27] Fixiert man sich von vornherein auf die für unser Verständnis unbefriedigende Unterordnungsforderung, dann kommt das andere kaum mehr in Sicht. Vgl. z. B. Schweizer, Weltlichkeit 408–413; Kamlah, Haustafeln 239ff.

weniger als in dem des Herrn die Möglichkeit des Christseins im Alltag sieht, hat die Antike systematisch nirgends entwickelt, nicht weil ihr ein solches Ethos im modernen Sinn suspekt gewesen wäre, sondern weil ihr am Sklaven als einer vollwertigen sittlichen Persönlichkeit in der Weise wie der christlichen Verkündigung nichts lag[28].

Heutiges Verständnis mag hier zunächst abzulehnende Passivität angesichts ungerechter sozialer und gesellschaftlicher Verhältnisse oder gar bewußtes Beharren in ihnen erkennen. Läßt man den frühchristlichen Gemeinden jedoch historische Gerechtigkeit widerfahren, dann sollte zumindest auch gesehen werden, daß die Art, wie sie die Sklaven in ihren Reihen integrierten, auf dem Hintergrund antiker Sozialgeschichte etwas ganz und gar Neues darstellt. Die Haus- und Gemeindetafeltradition ist mit ihrer Sklavenparänese ein Indiz für eine ganz außergewöhnliche gemeinschaftsbildende Dynamik und soziale Integrationskraft der frühchristlichen Gemeinden[29]. Ohne der sozialen Unterschiede zu achten, aber auch ohne das Sendungsbewußtsein, soziale Unterschiede und Ungerechtigkeiten durch gesellschaftliche Veränderung eliminieren zu müssen, haben die frühen Gemeinden Menschen aller sozialen Schichten in den neuen Gemeinschaften zusammengeführt und in sie integriert.

Die Forschung hat immer wieder mit Recht gefragt, wo eigentlich das spezifisch Christliche des aus der Umwelt rezipierten Haustafel-Ethos beginne. Zur Antwort wurde etwa auf das Kyrios-Motiv verwiesen, das in Kol 3,18–4,1 nicht weniger als siebenmal auftaucht[30]. Herr und Sklave haben den gleichen Kyrios über sich. Die vom Sklaven geforderte Unterordnung und das dem Sklavenbesitzer Abverlangte geschieht „im Herrn". Vor ihm gilt kein Ansehen der Person (V. 25b). Eph 5,21–33 führt die christologisch-ekklesiologisch begründete agape in das Über- und Unterordnungsverhältnis zwischen Mann und Frau ein[31]. Als Möglichkeit der

---

[28] Die Oikonomik hält den Sklaven nur sehr beschränkt der ἀρετή (sittliche Tüchtigkeit) fähig, so z.B. im Anschluß an Arist. Pol. I 1259b 21–1260b 24 der Neupythagoreer Bryson, Stob. IV 28,15, 680f. Wo sie Sklaventugenden wie Sorgfalt, Ehrlichkeit, Gutgesinntheit gegenüber dem Herrn schätzt, geschieht das nicht aus Interesse an der Person des Sklaven, sondern im Blick auf das Wohl des Oikos. Vgl. o. II 4 Anm. 78.

[29] So Lührmann, Haustafeln 93, im Blick auf Gal 3,28, wogegen er von den Haustafeln meint, sie seien „hinter dem damals Möglichen" zurückgeblieben (S. 94).

[30] Lohse, Kol 231, spricht von einer grundlegenden Wandlung der Haustafeln auf Grund dieses Motivs.

[31] Schrage, Ethik 12f, sieht darin eine qualitativ verändernde Korrektur am Haustafelschema.

Leidensnachfolge möchte 1 Petr 2,18–25 das Unrecht des Sklaveseins erträglich und sinnvoll machen[32]. Aber all das ist nur ein Teil einer möglichen Antwort. Schließlich kann das Kyrios-Motiv ja auch nicht allein als theologische Relativierung der Herrschaftsstellung des Sklavenbesitzers aufgefaßt, sondern auch als Christlich-Erklärung der sozialethischen Unter- und Überordnungsverhältnisse genommen werden. Und was die *agape* zwischen Mann und Frau betrifft, hat gerade die antike Oikonomik durchaus Gleichwertiges zu sagen[33]. Das eigentlich Neue und Christliche, das sich im Haustafel-Ethos abzeichnet, ist also nicht allein vom Literarisch-Theologischen her zu bestimmen, es ist mehr noch in der soziologischen und sozialgeschichtlichen Konkretion zu suchen. Das eigentlich christlich Neue, das mit den Haus- und Gemeindetafeln in den Blick kommt, das sind die dahinterstehenden konkreten Christengemeinschaften. So intensiv auch in der ganzen frühchristlichen Tradition, die hier zur Diskussion steht, das Motiv der Unter- und Überordnung durchscheint, so ist es primär gewiß nicht dieses Ordnungsdenken, das die hinter der Tradition stehenden Gemeinden zusammengeführt und zusammengehalten hat. Es ist vielmehr der alle Schranken übergreifende neutestamentliche Brudergedanke, der in einem universalen Heilsverständnis begründet ist und daher auch vor dem Sklaven keinen Augenblick haltmacht. Zu diesen Gemeinschaften mit ihrer sozialen Integrationskraft, wie sie sich in den Haus- und Gemeindetafeln spiegeln, gibt es im Umfeld des Frühchristentums nichts Vergleichbares. Zwar ist die frühe Kaiserzeit, in der das Christentum überall im Imperium Fuß faßte, auch die Blütezeit der Kultgenossenschaften und der halb religiös, halb sozial orientierten collegia der kleinen Leute. Im Windschatten dieses rechtlich geregelten Vereinswesens konnte zunächst auch das Christentum nach außen legitim Mission treiben und sich organisieren. Schon bald aber erwies es sich mit seiner gemeinschaftsbildenden Dynamik als tödliche Konkurrenz auf diesem Feld[34]. Soweit der Historiker eine Antwort auf das Phänomen der ungewöhnlich raschen Ausbreitung des Christusglaubens zu geben vermag, wird er nicht zuletzt auf diese gemeinschaftsbildende Dynamik hinzuweisen haben. Vom Selbstverständnis der frühen Gemeinden her, wie es sich in der Selbstbezeichnung *ekklesia* ausspricht,

---

[32] Brox, 1 Petr 139f.

[33] Man beachte nur Xen. Oik. VII 42 oder Periktione, Stob IV 28,19, 688,9–693,9. Mit Recht verweist Thraede, Hintergrund 363f, auf diese notwendige Korrektur herkömmlicher exegetischer Argumente.

[34] Vgl. o. III 3, 56–62.

ist Gemeinschaftsbildung das ureigenste Terrain des Christusglaubens. So gesehen sind die frühchristlichen Gemeinden sich und ihrer Sache auf respektable Weise treu geblieben. Die Integration der Sklaven in ihre Reihen, wie sie die Haus- und Gemeindetafeln dokumentieren, ist exemplarisch dafür. Die Thematik der Begegnung des frühen Christentums mit der antiken Sklaverei kann wohl auch nur in diesen größeren Zusammenhängen historisch angemessen bewertet werden. Möglicherweise liegen in dieser Richtung auch heute die Kriterien für die Frage nach der Zukunft der Kirchen und für die Frage nach den „Kirchen" der Zukunft.

Daneben macht gerade die Haus- und Gemeindetafeltradition nun allerdings auch dies sichtbar: Bei der erwähnten Gemeinschaftsbildung läßt sich ein zunehmendes Interesse an Autorität und hierarchisch geordneten Verhältnissen im sozialethischen Bereich beobachten. Es kommt besonders intensiv zum Ausdruck in der immer wiederkehrenden Forderung des ὑποτάσσεσθαι (sich unterordnen) und ὑπακούειν (gehorchen), die sowohl dem Mann in der Rolle des *oikodespotes*[35] wie dem *episkopos*[36] gegenüber erhoben wird. Das Kyrios-Motiv in der Haustafel des Kol und Eph kann wenigstens in seiner Wirkungsgeschichte so aufgefaßt werden, daß die mit ihm begründete Unterordnungs- und Gehorsamsleistung als spezifisch christliches Verhalten ausgewiesen wird. In 1 Clem 21,6–9 wird dem Mann die Rolle des *oikosdespotes* zugewiesen, der im christlichen Oikos die verschiedenen Personen und Personengruppen in ihre Pflichten einweist (vgl. 1,3). Die zeitliche und sachliche Entsprechung von episkopal verfaßter Gemeinde und Gemeinde- und Ständetafel macht deutlich, daß nun auf Gemeindeebene der *episkopos* die Position des *oikodespotes* einnimmt[37]. Speziell für den Sklaven profiliert sich die Unterordnungspflicht zusätzlich, wenn die Stellung des Herrn ihm gegenüber mit dem Begriff *despotes* zum Ausdruck gebracht wird[38]. Das ist die Art, wie die klassische Oikonomik das Herrschaftsverhältnis Herr–Sklave im Unterschied zu den anderen Herrschaftsverhältnissen im Oikos definiert[39].

---

[35] Für die Interpretation darf man allerdings nicht übersehen, daß Eph 5,21 die Haustafel damit einleitet, daß zu gegenseitiger Unterordnung gemahnt wird.

[36] IgnPol 6,1 fordert zur Unterordnung gegenüber dem Bischof, den Presbytern und den Diakonen auf.

[37] 1 Tim 2,8–6,2a; Tit 2,1–10; IgnPol 4,1–6,2.

[38] 1 Tim 6,1.2; Tit 2,9; 1 Petr 2,18. Man sollte dabei allerdings auch sehen, daß 1 Tim 6,1 sehr nüchtern vom „Joch" der Sklaverei spricht und 1 Petr 2,19ff das Sklavenlos als Leiden deutet, das den christlichen Sklaven auf den Weg der Christusnachfolge stellt.

[39] S. o. II 4.

Wenn es überdies zutrifft, daß *despotes* schon bald überhaupt Inbegriff war für das uneingeschränkte Verfügungsrecht eines Menschen über einen anderen[40], dann hat dieser Sprachgebrauch in frühchristlicher Tradition sicher sein besonderes Gewicht. Sachlich ist es von hier aus nur noch ein kleiner Schritt zu der im Wortlaut identischen Mahnung in Did 4,11 und Barn 19,7, die Sklaven sollen sich „mit Respekt und Furcht ihrem Herrn unterordnen als einem Abbild Gottes“ (τύπος θεοῦ). Nun ist gerade dieser verschärften Sklavenparänese gegenüber im Auge zu behalten, daß die Umwelt solches vor allem deshalb nicht kennt, weil sie den Sklaven nicht in der Weise als Mensch und Person ernstgenommen hat, wie das in der christlichen Verkündigung geschah. Aber alles in allem wird man innerhalb der hier besprochenen Tradition dennoch einen Trend feststellen können. Ging es zunächst um das Christsein in den gültigen Ordnungen, dann wird zunehmend ein Interesse an den Ordnungen selber spürbar. Es ist denkbar, daß die Altertumswissenschaft den aktuellen sozialgeschichtlichen Hintergrund zu dieser Entwicklung aufzuzeigen vermag, wenn sie darauf hinweist, daß mit der frühen Kaiserzeit unter hellenistischem Einfluß der Zerfall der Hausgewalt des paterfamilias und damit der Zerfall des „Hauses“ überhaupt einsetzt[41]. Das Frühchristentum, in mancherlei Hinsicht mit der Oikos-Wirklichkeit verflochten und zunächst auch auf sie angewiesen, würde demgegenüber, beeinflußt auch von der strengeren jüdisch-hellenistischen Ethik[42], eine eher bewahrende Tendenz verfolgen. Jedoch kann dies nicht als hinreichendes Argument für das Aufkommen der frühchristlichen Haustafelethik ins Feld geführt werden, so, als ob es sich um ein bewußtes Eingreifen in eine schon laufende sozialethische „Debatte“ im Umfeld der frühen Gemeinden handelte, und zwar als Ausdruck einer „Option für ‚strengere‘ Moral jüdischen Ursprungs“[43]. Das Aufkommen und auch eine entsprechende Akzentsetzung der Haustafeltradition hängt primär vielmehr an der dargestellten Bedeutung des „Hauses“. Im Vergleich mit der antiken Umwelt fällt der ethische Imperativ der Haustafel vor allem deshalb auf, weil es ähnliche Gemeinschaften, die unterschiedslos auch noch den Sklaven integrierten, in dieser Umwelt nicht gab und vor allem keine Gemeinschaften, vom jüdischen Synagogal- und Diasporaverband einmal abgese-

40 Rengstorf, ThWNT II 46.
41 Kaser, Privatrecht II 202ff.
42 So die Grundthese von Crouch, Origin passim; vgl. auch Kamlah, „Haustafeln“ 237f.
43 Thraede, Hintergrund 360 u. 362.

hen, denen von ihrem Selbstverständnis her in ähnlicher Form an ethischer Lebensweisung und Lebensgestaltung gelegen gewesen wäre wie in den frühen christlichen Gemeinden.

3. DAS GEFÄLLE IN DER THEOLOGISCHEN MOTIVIERUNG DER SKLAVENPARÄNESE ZWISCHEN PAULUS UND DER NACHPAULINISCHEN TRADITION

Es legt sich an dieser Stelle ein Vergleich zwischen der Sklavenmahnung in der kirchengeschichtlichen Ursprungssituation der paulinischen Gemeinden und der Sklavenmahnung in der kirchengeschichtlich fortgeschrittenen Situation der Haustafeltradition nahe. Das Kontinuierliche in der Entwicklung ist die von der Umwelt sich abhebende Ernsthaftigkeit und Vorbehaltlosigkeit, mit der die Sklaven als vollwertige Glieder der Gemeinde zugezählt werden. Wenn dabei weder Paulus noch die Haus- und Gemeindetafel die Sklaverei als solche in Frage stellen, kommt das nicht aus dem Engagement für eine bestimmte Sozial- und Gesellschaftsordnung, zu der eben auch die Sklaverei hinzugehört. Vielmehr haben wir es hier wie dort primär mit konkreter Lebensweisung zu tun, die Wege für das Christsein in den Gegebenheiten des Alltags aufzeigen möchte und der es nicht zuletzt auch um ein erträgliches gemeindliches Neben- und Miteinander sozial so unterschiedlicher Schichten wie Herren und Sklaven geht. Dahinter wird ein Verständnis der heute so gefragten sozialen und gesellschaftlichen Relevanz des Evangeliums sichtbar, wonach die christliche Verkündigung nicht direkt an Veränderung bestehender gültiger Ordnungen denkt, sich aber an jeden wendet, ohne nach seinem sozialen Status zu fragen, um ihn in die neue Gemeinschaft einzubeziehen. Auf dem Hintergrund antiker Sozialgeschichte ist das nicht eben wenig.

Allerdings ist nun auch ein Gefälle in der theologischen Motivierung der Sklavenparänese zwischen Paulus und der Haus- und Gemeindetafeltradition zu beachten. Paulus dringt – die Institution der Sklaverei als solche erstaunlich unbekümmert, fast möchte man sagen, subversiv ignorierend – von der Mitte seines Evangeliums her auf Brüderlichkeit zwischen Freien und Sklaven in seinen Gemeinden. Mit anderen Worten: Die Basis, auf der die paulinische Gemeinde Menschen jeglichen Standes und jeglicher Herkunft zusammenführt, ist, wie an gegebener Stelle gezeigt werden konnte, ein im Evangelium begründetes neues Menschenbild oder, fachgelehrt formuliert, eine theologische Anthropologie, die in der Glau-

bensüberzeugung von der universalen Heilstat Gottes in Jesus Christus ihre Wurzeln hat. Wo immer Paulus auf die Sklaven in seinen Gemeinden zu sprechen kommt, spielt dieses Argument in irgend einer Form herein. In Gal 3,26–28 ist es der Hinweis auf die Sohnschaft und auf die Einheit in Christus auf Grund der Taufe. „So gibt es nicht mehr Juden noch Griechen, nicht mehr Sklaven noch Freie, nicht mehr Mann noch Frau" (V. 28). Ähnlich wirkt nach 1 Kor 12,13 das in der Taufe geschenkte Pneuma die Einheit der Gemeinde als „Leib", „Juden und Griechen, Sklaven und Freie". In 1 Kor 7,23f erinnert Paulus Freie und Sklaven, daß sie gleicherweise „um einen wertvollen Preis erkauft" sind, weshalb eine Änderung des sozialen Status sich erübrigt. Um dem entlaufenen und inzwischen getauften Sklaven Onesimus eine brüderliche Wiederaufnahme in der Hausgemeinde seines Herrn zu sichern, führt Paulus sogar das Argument einer im Glauben begründeten *koinonia* (Gemeinschaft, Teilhabe) ins Feld (Phlm 6.17); *koinonia* – ein Begriff den die Oikonomik ausdrücklich der Kennzeichnung der Gemeinschaft zwischen freien Hausgenossen und Bürgern vorbehält.
Wenn auch vor allem in den neutestamentlichen Haustafeln die christologisch-ekklesiologische Begründung weiterwirkt, so tritt dieser Aspekt in den Gemeindetafeln je länger je mehr doch stark in den Hintergrund bis hin zu der Motivierung, der Herr sei für den Sklaven ein „Abbild Gottes" (Barn 19,7; Did 4,11). Statt dessen spielt die sozialethische Konvention als das dem Christen angemessene Verhalten eine immer stärkere Rolle. Die Differenz, die damit zu paulinischem Denken hin sichtbar wird, ist um so bemerkenswerter, als dem hellenistischen Juden Paulus die Unterordnungsethik durchaus vertraut war. Er stützt sich auf sie zum Beispiel in der Frage des Verhältnisses des Christen zum Staat (Röm 13,1–7) oder wo es um das Auftreten der Frau in der Gemeinde geht (1 Kor 11,5–16). Er verweist auch ethisch motivierend wie die Haustafeltradition in stoisch-popularphilosophischer Manier auf das, was sich gehört, was draußen als „anständig" gilt (1 Thess 4,12; Röm 13,13), „was wahrhaft, edel, recht, was lauter, liebenswert, ansprechend ist, was Tugend heißt und lobenswert ist" (Phil 4,8). In seinem Wort an die Sklaven aber besinnt er sich offensichtlich auf anderes und argumentiert ganz aus der Mitte seines Evangeliums. So zeit- und situationsbedingt die Äußerungen des Paulus im Blick auf die Sklaven daher auch sein mögen und so verdeckt daher auch bei ihm bleibt, was heute als die soziale und gesellschaftliche Relevanz des Evangeliums geschätzt wird, immerhin hat er von seinem Verständnis des Evangeliums her in einer Weise in soziale und gesellschaftliche Verhältnisse konkret hineinargumentiert und für den Bereich

seiner Gemeinden eine Auseinandersetzung riskiert, daß es sich darüber nachzudenken auch heute noch lohnt. Für die Entwicklung danach kann man sich, je länger je mehr, mit guten Gründen fragen, wie weit der paulinische Ansatz noch gewahrt bleibt. Zunehmend ist in der Haus- und Gemeindetafeltradition eine Tendenz zur Identifizierung mit den bestehenden Verhältnissen als dem Christlichen zu beobachten.

So wird am Beispiel der Sklavenparänese im Gegenüber von Paulus und der nachpaulinischen Tradition die Problematik einer neutestamentlichen Begründung dessen sichtbar, was in der Gegenwart als die soziale und gesellschaftliche Relevanz der neutestamentlichen Botschaft gefragt ist. Es wird aber auch ein entscheidendes Kriterium sichtbar: Dort, wo das Frühchristentum auf der Grundlage und den Prämissen des Evangeliums von der unterschiedslos gerechtmachenden Heilstat Gottes in Christus mit sozialethischen Fragen sich auseinandersetzt, behalten neutestamentliche Texte bei aller Zeit- und Situationsbedingtheit ein Stück Aktualität. Bei Paulus kommt dies in den Blick, in der Tradition nach ihm tritt dieser Aspekt mehr und mehr in den Hintergrund, am stärksten in den Äußerungen und dem Verhalten der alten Kirche gegenüber den Sklaven.

VI. Tendenzen in der Entwicklung des Verhältnisses der alten Kirche zur Sklaverei

Die Geschichte der Sklaverei in der alten Kirche ist in ihren einzelnen Zügen mehr oder weniger die Geschichte der Sklaverei, wie sie für die antike Umwelt typisch ist, jetzt eben auf einer anderen Ebene. Im Grunde genommen begegnen alle Fragen und Phänomene, die im Zusammenhang mit der Sklaverei aus der Antike vertraut sind, in der alten Kirche wieder. Das Quellenmaterial dazu ist immer wieder gesichtet worden[1]. In unserem Rahmen geht es nicht um diesbezügliche Vollständigkeit, sondern primär um Begründungen und Motive, die hinter dem Argumentieren und Handeln der alten Kirche gegenüber den Sklaven sichtbar werden, und um die Frage, ob und wie neutestamentlich-frühchristliche Positionen weiterwirken. Es ist ja grundsätzlich damit zu rechnen, daß inhaltliche Aussagen in einem veränderten sozialgeschichtlichen Kontext einen anderen Stellenwert bekommen. So hat das Motiv von der Freiheit bzw. vom Sklavesein in Christus (1 Kor 7,21 f) oder von dem einen Kyrios, vor dem kein Ansehen der Person gilt (Kol 3,25; 4,1; Eph 6,9) in der Anfangssituation christlicher Gemeinden sicher eine nicht zu unterschätzende Rolle gespielt im Sinn eines im Christusglauben begründeten Ausgleichs zwischen Freien und Sklaven. In diesem Stadium der Entwicklung sind die genannten Motive vorrangig von der Intention diktiert, die mit dem neuen Heilsglauben gegebene Basis aufzuzeigen, auf der für die antike Umwelt so ungewöhnliche Gemeinschaften wie die der Christen möglich wurden. Das bedeutet nichts weniger, als daß sich in der Anfangssituation mit dem Argument der Freiheit in Christus bei gleichzeitiger Respektierung der Sklaverei als gesellschaftlicher Gegebenheit sozialgeschichtlich dennoch Neues verbindet[2]. Die ursprüngliche Intention wirkt noch nach, wenn etwa Irenäus um 180 schreibt: „Dem Fleisch nach aus Freien und aus Sklaven hat Christus Söhne Gottes gemacht, indem er gleicherweise allen das Geschenk des Geistes gab, der uns lebendig macht"[3]. Angesichts der „gleichmachenden" Gabe des Geistes wird demnach der soziale Status des Freiseins oder Sklaveseins belanglos. Die Hinnahme der Institution der Sklaverei, die mit dem Argument der

---

[1] Vgl. vor allem Kügler, Paränese 215–259; Gnilka, Phlm 77–81.

[2] In dieser sozialen und soziologischen Konkretisierung ist die neutestamentliche Idee von der Freiheit in Christus der Stoa überlegen, die ja auch sagte, der Sklave könne innerlich in Wahrheit ein Freier sein.

[3] Adv. haer. IV 21,3.

Freiheit in Christus einhergeht, bekommt aber schon dort ein anderes Gewicht, wo unter dem Vorzeichen des asketischen Rigorismus eines Tertullian die „weltliche“ Freiheit und das Streben nach ihr auf dem Hintergrund der in Christus gewonnenen Freiheit prinzipiell als suspekt erscheint. Mag die „weltliche“ Freiheit auch wie wirkliche Freiheit aussehen, letztlich wird sie sich doch als Sklaverei entpuppen[4]. Es versteht sich von selbst, daß diese Position die uneingeschränkte Anerkennung der Besitz- und Herrenrechte am Sklaven impliziert. So übernimmt denn auch Tertullian nicht nur das negative Standardurteil der Antike hinsichtlich der moralischen Minderwertigkeit der Sklaven, sondern macht auch am Recht des Herrn auf Bestrafung des unbotmäßigen Sklaven keinerlei Abstriche[5]. Vor allem aber dort, wo die Kirche nun die Stelle der heidnischen Religion im Staat einnimmt und wo sie auf Grund ihrer politisch-rechtlichen Stellung nun selber Sklavenbesitzerin sein kann und es auch geworden ist, wirkt das ursprünglich zugunsten des Sklaven vorgebrachte Argument von der Freiheit in Christus eo ipso als Festschreibung der bestehenden Ordnung. So variiert zum Beispiel Chrysostomus verschiedentlich den Gedanken, der Sklave solle das Gewaltverhältnis als freiwilligen Dienst auf sich nehmen. Dann sei er nurmehr ein Sklave Christi[6]. Die primäre Intention dabei ist sicher paränetisch. Solche Worte wollen zuerst Lebensweisung dafür sein, das harte Sklavenlos als eine Möglichkeit christlicher Lebensverwirklichung zu begreifen. Aber für ein Christentum, das inzwischen zur offiziellen Staatsreligion geworden ist, steht im Hintergrund solcher Worte nicht mehr nur die Respektierung, sondern mehr oder weniger die Ratifizierung der Sklaverei als gültiger Ordnung.

Fast konsequent ist es daher, wenn in diesem Rahmen gelegentlich theologische Theorien auftauchen, die versuchen, das Phänomen der Sklaverei verständlich zu machen und zu begründen. Ganz in den Bahnen der Oikonomik bewegt sich Augustinus, wenn er die friedliche Ordnung der familia – familia verstanden im Sinn von Oikos und als Ausgangspunkt und Teil des Staates[7] – im Wechselspiel von Befehlen und Gehorchen garantiert sieht. Das Befehlen ist Sache derer, denen die Sorge für das Ganze obliegt: Der Mann befiehlt der Frau, die Eltern den Kindern, die

---

[4] De coron. mil. 13,6.

[5] Harte und unnachsichtige Äußerungen und Forderungen Tertullians gegenüber Sklaven finden sich u. a. apol. 7,3; 27,7; de idol. 17.

[6] Vgl. etwa Hom XIX 5 in ep. I ad Kor; Hom XXII 1 in ep. ad Eph.

[7] De civ. dei XIX 16 (ed. W. Thimme – C. Andresen 560).

Herren den Sklaven. Das Gehorchen ist Sache derer, denen die Fürsorge zuteil wird: Die Frauen gehorchen den Männern, die Kinder den Eltern, die Sklaven den Herren[8]. Für den Fall, daß ein Hausgenosse aus dieser Friedensordnung ausbricht, ist es Sache des Hausherrn, zu gerechten und erlaubten Zuchtmitteln, wie Worten und Schlägen, zu greifen[9]. Augustinus deutet in diesem Zusammenhang die Sklaverei nicht als zur Schöpfungs- und Naturordnung gehörig, sondern als Folge der Sünde ist sie von Gott auferlegte Strafe, zugleich aber auch ein ungerechtes Gewaltverhältnis. Der Betroffene kann sich wenigstens innerlich von der Sklaverei freimachen, indem er seinen Dienst nicht in Furcht, sondern in treuer Liebe tut, „bis die Ungerechtigkeit vergeht, alle menschliche Herrschaft und Gewalt aufgehoben wird und Gott alles ist in allen“[10]. Ähnlich versteht auch Chrysostomus die Sklaverei als Folge der Sünde. Der Verlust der schöpfungsgemäßen Freiheit als Folge der Sünde kommt in einer dreifachen Unterworfenheit des Menschen zum Ausdruck, in der Unterworfenheit der Frau unter den Mann, des Sklaven unter den Herrn und der Unterworfenheit aller unter die Staatsgewalt[11].

In solchem Verständnis ist die Sklaverei gewiß sehr nüchtern gesehen. Zugleich aber wird sie damit auch als ein fester Bestandteil der gültigen sozialen und gesellschaftlichen Verhältnisse ausgewiesen und theologisch verständlich gemacht. So bestimmt sich denn auch das Verhalten der alten Kirche gegenüber den Sklaven im wesentlichen auf der Grundlage der Anerkennung der Sklaverei als einer für Staat und Kirche verbindlichen Ordnung. Von daher versteht sich manches an Bestimmungen, was sich im nachhinein wie eine Diskriminierung der Sklaven als einem sozial minderen Stand Zugehörigen liest, primär als Wahrnehmung kirchlicher Interessen, – eine unausweichliche Konsequenz, sobald Sklaverei und Sklavenrecht einmal prinzipiell anerkannt sind. Der Anfang zu dieser Entwicklung fällt nicht zusammen mit der oft zitierten konstantinischen Wende, sondern liegt früher und setzt ungefähr dort ein, wo man vom Werden der sogenannten Großkirche spricht. Denn je mehr sich der Christusglaube in der wahrnehmbaren Größe „Kirche“ soziologisch konkretisierte und ins Gewicht fiel, um so mehr bedurfte die von Anfang an betriebene Praxis, unter widerspruchsloser Hinnahme der Institution der Sklaverei und einer entsprechenden Rechtsordnung Sklaven gleichwohl

---

[8] De civ. dei XIX 14; ebd. 557.
[9] De civ. dei XIX 16; ebd. 559ff.
[10] De civ. dei XIX 15, ebd. 557–559, Zitat 559.
[11] Sermo IV in Gen.

als vollwertige Gemeindeglieder zu integrieren, einer grundsätzlichen Regelung.

So stößt man dort, wo in den altchristlichen Kirchenordnungen die Aufnahme neuer Gemeindeglieder geregelt wird, meist auch auf Bestimmungen für die Aufnahme von Sklaven. Dabei ist es noch nichts Besonderes oder den Sklaven Diskriminierendes, wenn zum Beispiel die Constitutiones Apostolorum eine Prüfung des sittlichen Lebenswandels des Sklaven verlangen. Dem muß sich jeder andere Bewerber auch unterziehen[12]. Sklave und Freier werden in dieser Hinsicht also durchaus gleich behandelt, wie auch sonst ganz im neutestamentlichen Sinn mit dem Argument der Glaubensgemeinschaft und der agape auf Ausgleich zwischen Herr und Sklave hingearbeitet wird[13]. Zugleich fordert hier aber auch die für unser Verständnis von Anfang an gespaltene Position – die Integrierung des Sklaven als vollwertiges Gemeindemitglied bei gleichzeitiger Hinnahme und Respektierung der Institution Sklaverei – ihren Tribut. Eine verbindliche Regelung der Aufnahme von Sklaven konnte unter diesen Voraussetzungen nicht umhin, den Besitzrechten des Herrn Rechnung zu tragen. Die orientalische Bearbeitung der aus dem Anfang des 3. Jahrhunderts stammenden Kirchenordnung des Hippolyt[14] kennt eine entsprechende Bestimmung für den Sklaven eines heidnischen Herrn, indem sie befremdlicherweise die Aufnahme eines solchen Sklaven von der Zustimmung seines Herrn abhängig macht: „Die ganze Zeit über, wo er erst noch Katechumen ist, wird er zur Gemeinde gerechnet; und wenn er ein Sklave ist und sein Herr, ein Götzendiener, es verbietet, so wird er nicht getauft, aber angenommen, daß er Christ ist, und stirbt er, ohne die Gabe

---

[12] Generell wird in VII 32,2 bestimmt: „Die zum erstenmal dem Mysterium der Frömmigkeit sich zuwenden, sollen durch die Diakone zugeführt werden dem Bischof oder den Presbytern und nach den Gründen gefragt werden, warum sie hinzutreten zum Wort des Herrn; die sie zugeführt haben, sollen ihnen Zeugnis ablegen, nachdem sie deren Verhältnisse gewissenhaft nachgeprüft haben. Es sollen geprüft werden ihre Sitten und ihr Leben und ob sie Sklaven sind oder Freie". In 32,3 wird dann speziell für Sklaven u.a. bestimmt: „Und wenn er Sklave eines Gläubigen ist, soll sein Herr gefragt werden, ob er ihm (gutes) Zeugnis geben könne; wenn aber nicht, soll er zurückgewiesen werden, bis er sich für seinen Herrn als würdig erweist" (übers. nach dem griechischen Text bei Funk I 233).

[13] Const. apost. IV 12 (Funk I 233).

[14] Die komplizierten Entstehungs- und Abhängigkeitsverhältnisse der Kirchenordnungen können hier nicht diskutiert weden. Man wird jedoch generell davon auszugehen haben, daß die des Hippolyt den Ursprung bildet. Vgl. dazu W. C. van Unnik, Altchristliche Kirchenordnungen, in: RGG III ^{3}1959, 1496f.

empfangen zu haben, so wird er von der Herde nicht getrennt"[15]. Hier hat offensichtlich das Bedürfnis nach Selbstschutz der Gemeinde Vorrang vor dem Taufbegehren des Sklaven. Dagegen machen die Apostolische Tradition des Hippolyt[16], die Constitutiones Apostolorum[17] und die Ägyptische Kirchenordnung[18] dem Sklaven eines heidnischen Herrn in gleicher Weise lediglich die Auflage, als Christ um so mehr ein guter Sklave für seinen Herrn zu sein, damit die Sache des Glaubens nicht in Mißkredit gerate[19]. Hier meldet sich sehr deutlich wieder die missionarisch-apologetische Tendenz zu Wort, die schon in der Sklavenparänese 1 Petr 2,18–25 anklingt. Auf dem Hintergrund der Polemik des Kelsos um 180, die dem Christentum unter anderem vor allem Missionspropaganda unter Sklaven vorhält, ist diese Regelung historisch begreiflich.

Den Herrenrechten des christlichen Sklavenbesitzers kommen die drei genannten Dokumente insoweit entgegen, als sein Urteil über den sittlichen Lebenswandel des aufzunehmenden Sklaven als ausschlaggebend erklärt wird: „Wenn aber einer Sklave ist, soll er gefragt werden, welchem Herrn er gehöre; und wenn er eines Gläubigen Sklave ist, soll sein Herr gefragt werden, ob er ihm ein gutes Zeugnis ausstellen könne; wenn nicht soll er zurückgewiesen werden, bis er seinem Herrn den Beweis erbracht hat, daß er würdig ist"[20]. Diese Berücksichtigung der Herrenrechte ist analog zu sehen zum römischen Sklavenrecht, wo der Beitritt des Sklaven zu einem collegium von der Einwilligung seines Herrn abhängig gemacht war.

Aufs Ganze gesehen bringen die Kirchenordnungen inhaltlich keine wesentlich anderen Gesichtspunkte als die, die man vom Neuen Testament, insonderheit von Paulus her schon kennt: Respektierung des geltenden Rechts, was für den Sklaven das Bleiben im sozialen Status bedeutet, verbunden damit das Bemühen um Ausgleich zwischen Herren und Sklaven mit dem Argument der Glaubensgemeinsamkeit und der *agape*. Nur ist dies jetzt in die Form einer verbindlichen Regelung gebracht, ist gleichsam Kirchenrecht geworden und hat damit einen

---

[15] Can. Hippol. 10: Riedel, Kirchenrechtsquellen 205.
[16] Botte, Tradition 34,15.
[17] Funk I 534 VIII 32,15.
[18] Funk II 106 X (XL) 5.
[19] Const. apost. VIII 32,3b: „Wenn er aber der Sklave eines Heiden ist, soll er belehrt werden, ‚zu gefallen dem Herrn, damit nicht gelästert werde das Wort'" (übers. nach Funk I 534).
[20] Übers. nach der griechischen Version bei Funk I 534 VII 32,3. Ähnlich auch die anderen Kirchenordnungen.

anderen Stellenwert und signalisiert veränderte Positionen und Prioritäten. Aus der Respektierung des profanen Sklavenrechts ist für die Kirche selber verbindliches Recht geworden, erst recht von dem Zeitpunkt an, als die Kirche selber Staatskirche geworden war.
Diese Entwicklungstendenz zeichnet sich vor allem auch dort ab, wo es um die Frage von Sklaven in *Gemeindeämtern* geht. Die Quellen aus den ersten zwei Jahrhunderten sind zwar einigermaßen spärlich. Aber die Tatsache, daß etwa seit dem dritten und vierten Jahrhundert verstärkt Bedenken gegen Sklaven in kirchlichen Ämtern laut werden, läßt auf eine vorangehende Praxis schließen, bei der die Sklaven, gleichberechtigt mit den Freien, Zugang zu den Gemeindeämtern hatten. Einen sicheren Anhaltspunkt für eine solche Praxis liefert Plinius mit seiner schriftlichen Anfrage bei Kaiser Traian aus dem Jahr 112, wie gegen die Christen vorzugehen sei. In diesem Dokument ist unter anderem von zwei Sklavinnen, ministrae genannt, die Rede, die durch Folter zu einem Geständnis gezwungen wurden[21]. Es wird allgemein angenommen, daß mit der Bezeichnung ministrae Diakoninnen gemeint sind[22]. Sicher bezeugt durch seinen Kontrahenten Hippolyt ist auch, daß der Bischof Kallist von Rom (217–222) vordem Sklave war[23]. Auch der römische Bischof Pius (140–154) kommt vermutlich aus dem Sklavenstand. Denn nach einer Notiz im Kanon Muratori war er der Bruder des Hermas, des Verfassers der in der alten Kirche hochangesehenen Schrift „Pastor Hermae". Dieser aber bekennt einleitend zu seiner Schrift, er sei von Geburt an Sklave gewesen[24]. Gewisse Anhaltspunkte liefern ferner Namen, die als typische Sklavennamen zu gelten haben. Das trifft vor allem auf Onesimus („der Nützliche") zu, der Bischof von Ephesus ist, als Ignatius sich in einem Brief an die dortige Gemeinde wendet[25]. Ob es sich dabei um den Sklaven Onesimus des paulinischen Philemonbriefs handelt, bleibt allerdings ungewiß. Nach ihren Namen zu schließen, kommen auch die Überbringer des 1. Clemensbriefes an die Gemeinde in Korinth aus dem Sklavenstand. Es sind Claudius Ephebus, Valerius Bito und Fortunatus[26], offen-

---

[21] Ep. X 96,8 (ed. H. Kasten 642).
[22] Vgl. Bömer, Untersuchungen I 13.
[23] Vgl. H. Gülzow, Kallist von Rom. Ein Beitrag zur Soziologie der römischen Gemeinde: ZNW 58 (1967) 102–121.
[24] Gülzow, Mission 210 Anm. 79, meldet allerdings Zweifel an, indem er zu bedenken gibt, ob Hermas wirklich dem Sklavenstand angehört, „oder sich dafür (im Sinne seiner Romanvorlage) nur ausgegeben" habe.
[25] IgnEph 1,3; 2,1; 6,1 f.
[26] Vgl. 1 Clem 65,2. Gülzow, Mission 211, folgert aus den Beinamen Claudius

sichtlich Personen in hervorgehobener Position. Denn 1 Clem 63,3 erklärt sie zu „Zeugen zwischen euch und uns", also zwischen der Gemeinde in Rom und der in Korinth, und bestätigt ihnen überdies einen untadeligen Wandel „von der Jugend bis zum Alter". In der Tradition der Kirchenordnung des Hippolyt sind die Strafen und Leiden, die ein Sklave um seines Glaubens willen erduldet, in gleicher Weise eine Empfehlung für das Diakonen- oder Presbyteramt wie das Martyrium des Confessors. In den Canones Hippolyti aus der ersten Hälfte des dritten Jahrhunderts heißt es dazu: „Ist es ein Sklave, der um Christi willen eine Strafe ertragen hat, so wird er Presbyter für die Gemeinde. Wenn er auch die Auszeichnung (die Insignien) des Presbytertums nicht erhält, so hat er doch den Geist des Presbytertums erhalten"[27]. Wenn in der Version der „Apostolischen Tradition" des Hippolyt eigens die Handauflegung verlangt wird, was bei der Bestellung eines Confessors zum Presbyteramt sonst nicht mehr für notwendig erachtet wurde, dann geschieht das deshalb, weil das Bekennertum des Sklaven sich in der Regel in einer privaten Züchtigung durch den Sklavenbesitzer – castigatio domestica – bewährte im Unterschied zur öffentlich-juristischen Verurteilung. Wer aus einer solchen wieder freikam, bedurfte bei der Bestellung zum Diakonen- oder Presbyteramt der Handauflegung nicht mehr[28]. Für ihn gilt: „Sein Bekenntnis ist seine Ordination"[29].

Zeitgeschichtlich betrachtet bedeutet es nun allerdings nichts Außergewöhnliches, Sklaven in Gemeindeämtern und Gemeindediensten vorzufinden. In den collegia zum Beispiel ist es an der Tagesordnung, daß Sklaven in gleicher Weise Ämter innehaben wie die Freien[30], und in Rom und mehr noch in Griechenland stößt man in zahlreichen öffentlichen Dienstleistungen auf sogenannte Staatssklaven, die meist auch recht angenehme Privilegien genießen, wie Dienstwohnung mit festem Salär[31]. Um so auffälliger ist es, wenn etwa seit dem vierten Jahrhundert zunehmend

---

bzw. Valerius, daß es sich um „Freilgelassene des Kaisers Claudius und seiner Gattin Messalina aus der Gens Valeria" handle.

27 Nach Riedel, Kirchengeschichtsquellen 204, 6.

28 Vgl. Botte, Tradition 28,9; Funk II 104f.

29 Can. Hippol. 6; nach Riedel, Kirchengeschichtsquellen 204. Bartsch, Rechtsquellen 154f, folgert aus dieser Regelung, der Sklave sei in der Gemeinde eine Person „minderen Rechts". In Wirklichkeit aber geht es dabei nicht um eine Unterscheidung von Personen, sondern um eine unterschiedliche Wertung des jeweiligen Martyriums.

30 Vgl. Bömer, Untersuchungen I 12ff.

31 Vgl. dazu W. Eder, Servitus publica, 1980.

Widerstand gegen Sklaven in kirchlichen Ämtern sich zu Wort meldet und durchsetzt[32]. In den Kirchenordnungen wird erstmals in den Constitutiones Apostolorum, die auf das Ende des 3. Jahrhunderts datiert werden, eine diesbezügliche Regelung getroffen: „Daß Sklaven ohne den Willen ihrer Herren zum Klerus zugelassen werden, gestatten wir nicht, damit den Besitzern keine Unannehmlichkeit entsteht. Sollte aber ein Sklave würdig erscheinen, in den kirchlichen Stand aufgenommen zu werden, wie das bei unserem Onesimus der Fall war[33], und die Herren es gestatten und die Freiheit gewähren und sie aus ihrem Haus entlassen, so möge es geschehen"[34]. Grundsätzlich ist dem Sklaven der Aufstieg in ein kirchliches Amt also nicht verwehrt. Aber Vorrang hat das geltende Recht. Die Herren werden ausdrücklich als „Besitzer" (κεκτημένοι, possessores) respektiert und es wird daher ihre Einwilligung zur Voraussetzung gemacht. Es ist die gleiche Rechtslage und Praxis wie beim Eintritt eines Sklaven in ein collegium. Neben dem Vorrang, der dem Besitzrecht eingeräumt wird, ist die Bestimmung bedeutsam, nach der Einwilligung des Herrn und der Freilassung dürfe ein solcher Sklave auch nicht mehr im Haus seines Herrn wohnen. Verständlich wird diese Regel wiederum auf dem Hintergrund des geltenden Rechts. Denn der Freigelassene blieb im Normalfall in einem Abhängigkeitsverhältnis zu seinem Herrn, was sich in finanziellen Forderungen oder in Ansprüchen auf Arbeitsleistung auswirken konnte, und dies um so nachhaltiger, wenn der Sklave auch nach seiner Freilassung im Haus seines Herrn Wohnung behielt. Daß über einen solchen Freigelassenen, wenn er etwa Presbyter wurde, der ehemalige Besitzer in sehr unangenehmer Weise Einfluß auf die betreffende Gemeinde gewinnen konnte und diese selbst unter Umständen unter seinen Einfluß und seine Abhängigkeit geriet, liegt auf der Hand. Mehr noch gilt das natürlich bei einem Amtsträger, der weiterhin Sklave ist.

Die Sorge um Komplikationen, die angesichts des von der Kirche selber anerkannten und übernommenen Rechts unvermeidlich waren, steht denn

---

[32] Die früheste offizielle Verlautbarung, die den Sklaven den Zutritt zum Klerikerstand verwehrt wissen möchte, bis sie die gesetzliche Freiheit erlangt hätten, stammt vom römischen Bischof Stephanus (254–257) ep. 1, pr. u. 1 (Text bei Jonkers, Verhalten 289 Anm. 20).

[33] Hier lebt offensichtlich die Tradition weiter, die den Bischof Onesimus von Ephesus (vgl. IgnEph 1,3) mit dem Sklaven Onesimus des Philemonbriefs gleichsetzt.

[34] Const. apost. 82; übers. nach der griechischen und lateinischen Version bei Funk I 588–591.

auch als Hauptmotiv hinter einer Anzahl weiterer restriktiver Bestimmungen von Synoden und Konzilien, durch die die Sklaven vom kirchlichen Amt ferngehalten werden sollten[35]. Je länger je mehr vertrug sich die Stellung auf Grund eines kirchlichen Amtes nicht mit der sozialen Stellung des Sklaven und den damit vorprogrammierten Konsequenzen. Das Verdrängen des Sklaven aus dem kirchlichen Amt darf daher primär nicht als Diskriminierung des Sklaven auf Grund seiner sozial niederen Stellung gesehen werden. Vielmehr handelt es sich zunächst um eine Art Selbstschutz der Kirche, die einen modus vivendi suchen mußte, nachdem sie nun einmal die bestehenden Verhältnisse als für sich verbindlich anerkannt hatte. Das Unbefriedigende daran ist, daß dabei im Interesse der Institution Kirche der Mensch, in unserem Fall der Sklave, zweitrangig wurde.

Eine besondere Rolle spielte das Mönchtum. Das mönchische Ideal der radikalen Jesus-Nachfolge und der damit zusammenhängenden Entweltlichung machte so wenig wie vor Besitz und Ehe auch vor der Institution der Sklaverei nicht halt[36], was sich in einer großzügig gehandhabten Praxis auswirkte, wenn es um die Aufnahme entflohener Sklaven in die Klöster und, damit zusammenhängend, um die Aufnahme in den Klerikerstand ging. So setzte etwa seit der Mitte des 4. Jahrhunderts eine religiös motivierte Sklavenflucht ein, die bei den mönchartigen Bewegungen der Eusathianer[37] in Kleinasien und der vom Donatismus herkommenden Circumcellionen in Nordafrika durchaus sozialrevolutionäre Züge trug[38].

---

[35] Das Material dazu ist bei Jonkers, Verhalten 290ff, zusammengestellt. Neutestamentlich-theologisch argumentieren die Canones des Basilius: „Keiner vom Klerus soll Sklave eines Menschen sein, weil die, welchen Gott die Freiheit gegeben hat, diesselbe nicht verachten dürfen, indem sie Sklaven von Menschen werden (sind?)“ (Riedel, Kirchenrechtsquellen 265, 63).

[36] Nicht zu unrecht bemerkt Overbeck, Verhältnis 214, daß die Bedenken der Kirche gegen Sklavenbesitz genau da anfangen, wo ihre Bedenken gegen Besitz und gegen alles weltliche Leben überhaupt beginnen .... In der Tat ist das Mönchtum der einzige Ort, an welchem die alte Kirche von einer radikalen Aufhebung der Sklaverei im Namen des Christentums reden kann, hier in der Tat ist der einzelne Christ in eine Sphäre erhoben, welche ihn überhaupt der des Staats und des Rechts enthebt, und in welcher damit nun freilich auch die Institution der Sklaverei entwurzelt ist“.

[37] Vgl. dazu die Darstellung bei Bellen, Sklavenflucht 78–92, 147–151.

[38] Die verschiedenen Konzilsbeschlüsse, päpstliche Erlasse und kaiserlichen Gesetze s. bei Bellen, aaO. 84–91. Die schärfsten Bestimmungen sind die der 1. und 3. Synode von Orléans (511 und 538). Der Bischof, der ohne Einwilligung des Besitzers einen Sklaven zum Diakon oder Presbyter weihte, sollte mit einem einjährigen Zelebrationsverbot bestraft und außerdem verpflichtet werden, für den ordinierten Sklaven seinem Herrn doppelten Ersatz zu beschaffen (S. 91).

Wie sehr die Flucht von Sklaven ins Kloster und in den Klerikerstand, die von diesen beiden Bewegungen ausgelöst wurde, zu einer Gefährdung für die sozialen und gesellschaftlichen Verhältnisse sich auswuchs, kann man an dem vereinten Bemühen von Staat und Kirche ablesen, der Entwicklung Einhalt zu gebieten.
Hier wird die ganze Problematik sichtbar, in die die alte Kirche mit ihrer Rezeption bestehender Ordnungen, in unserem Fall mit ihrer Sanktionierung des gültigen Sklavenrechts, notwendig geraten mußte: auf der einen Seite eine innerkirchliche Bewegung, die, durchaus neutestamentlich motiviert, die Institution der Sklaverei außer Kraft zu setzen geneigt war, auf der anderen Seite eine Kirche, die sich so weit mit dem Staat und seinen gültigen Ordnungen identifizierte, daß sie im Entscheidungsfall schon auf einen entsprechend vorgegebenen Handlungsrahmen festgelegt war[39]. So wird auch von der Sklavengeschichte in der Zeit der alten Kirche her augenfällig, in welchen Dimensionen sozial- und kirchengeschichtlicher Entwicklungen und Zusammenhänge die Thematik gesehen werden muß. Ein historisch vertretbares Urteil, das sich von Kurzatmigkeit nach der einen oder anderen Seite hin freizuhalten sucht, wird immer wieder um diesen historischen Gesamtkontext bemüht sein.

---

[39] Bezeichnend dafür ist die Art, wie Papst Leo I. der Lage Herr zu werden versuchte. Um der verbreiteten Praxis, geflohene Sklaven in den Klerikerstand aufzunehmen, einen Riegel vorzuschieben, argumentiert er mit der sozialen und moralischen Inferiorität der Sklaven (ep. 4,1; PL 54, 611).

Literaturverzeichnis

1. QUELLEN UND KOMMENTARE

Aristoteles, Aristoteles quae feruntur oeconomica (ed. F. Susemihl) Leipzig 1887
– Politica (Scriptorum classicorum bibliotheca Oxoniensis) Oxford 1957 (= 1964)
– Politik und Staat der Athener (ed. K. Hoenn) Zürich 1954
– Nikomachische Ethik (übers. u. komm. v. F. Dirlmeier; ed. H. Flashar 6) Darmstadt 1979
Augustinus, Aurelius, Vom Gottesstaat (übers. v. W. Thimme; eingel. u. komm. v. C. Andresen) I: München 1955, II: 1978
Arnim, J. v., Stoicorum Veterum Fragmenta III, Stuttgart 1964

Bihlmeyer, K., Die apostolischen Väter I (Samml. ausgew. kirchen- u. dogmengesch. Quellen, 2. Reihe I/1) Tübingen 1970
Botte, B., La tradition apostolique de saint Hippolyte. Essai de reconstruction (Liturgiewiss. Quellen u. Forschungen 39) Münster [3]1963
Brox, N., Der erste Petrusbrief (EKK 21) Zürich–Einsiedeln–Köln/Neukirchen–Vluyn 1979

Cato, Marcus Porcius, De agri cultura (ed. J. Loeb) Cambridge–London 1967, 1–157
Columella, Lucius Junius Moderatus, De re rustica (ed. J. Loeb) Cambridge–London I: 1977, II u. III: 1968

Dibelius, M. – Greeven, H., An die Kolosser, Epheser, an Philemon (HNT 12) Tübingen [3]1953.

Ernst, L., Die Briefe an die Philipper, an Philemon, an die Kolosser, an die Epheser (RNT) Regensburg 1974

Fischer, A. J., Die apostolischen Väter (Schriften des Urchr. I) Darmstadt 1970
Flavius Josephus, Jüdische Altertümer (übers. u. mit Einl. u. Anm. versehen v. H. Clementz) Berlin–Wien 1923
Funk, F. X., Didascalia et Constitutiones Apostolorum, Paderborn 1905

Geist, H., Römische Grabinschriften (betreut v. G. Pfohl) München [2]1976
Gnilka, J., Der Kolosserbrief (HThK X/1) Freiburg–Basel–Wien 1980
– Der Philemonbrief (HThK X/4) Freiburg–Basel–Wien 1982

Hercher, R., Epistolographi Graeci, Paris 1873

Käsemann, E., An die Römer (HNT 8a) Tübingen [3]1974
Kraft, H., Clavis Patrum Apostolicorum, Darmstadt 1963

Lohse, E., Die Briefe an die Kolosser und an Philemon (MeyerK IX 2) Göttingen ²1977
Lukian, Die Hauptwerke griechisch und deutsch (ed. K. Mras) München 1954

Meyer, K., Xenophons „Oikonomikos". Übersetzung und Kommentar (Philol. Beitr. z. Realienforsch. i. ant. Bereich 1) Marburg 1975

Philo, Philonis Alexandrini opera quae supersunt (ed. L. Cohn – P. Wendland) Berlin 1896–1930
– Philo von Alexandria. Die Werke in deutscher Übersetzung (ed. L. Cohn u. a.) Berlin 1909–1938
Platon, Opera IV, V (Scriptorum classicorum bibliotheca Oxoniensis) Oxford 1954, 1952
– Der Staat (Sämtliche Werke II 7–407; übers. v. W. S. Teuffel u. W. Wiegand). Die Gesetze. (ebd. III 215–663; übers. v. E. Eyth) Heidelberg o. J.
Plinius, Gaius Caecilius Secundus, Briefe (Lateinisch-deutsch; ed. H. Kasten) München ⁴1979
Plutarch, Über Kindererziehung (Griechisch u. Deutsch) München ²1947

Riedel, W., Die Kirchenrechtsquellen des Patriarchats Alexandrien, Aalen 1968 (= Leipzig 1900)

Schweizer, E., Der Brief an die Kolosser (EKK) Zürich–Einsiedeln–Köln/Neukirchen–Vluyn 1976
Seneca, Lucius Annaeus, De beneficiis (ed. J. Loeb) London–Cambridge 1958
– Epistulae morales I (ed. J. Loeb) London–Cambridge 1953, ep. 47 S. 300–313
Stobaeus, Johannis Stobaei Anthologii Libri Quarti (ed. C. Wachsmuth – O. Hense) Zürich ³1974
Stuhlmacher, P., Der Brief an Philemon (EKK) Zürich–Einsiedeln–Köln/ Neukirchen–Vluyn 1975

Varro, Marcus Terentius, Rerum rusticarum (ed. J. Loeb) Cambridge– London 1967, 160–529

Whittaker, M., Die apostolischen Väter I: Der Hirt des Hermas (Deutsche Ak. d. Wiss. zu Berlin) Berlin ²1967

Xenophon, Opera omnia II (Scriptorum classicorum bibliotheca Oxoniensis) Oxford ²1921 (= 1962)

2. MONOGRAPHIEN UND AUFSÄTZE

Allard, P., Les esclaves chrétiens depuis les premiers temps de l'église jusqu'à la fin de la domination Romaine en occident, Paris ⁵1914

Balch, L. L., „Let Wives be Submissive . . ." The Origin, Form and Apologetic Function of the Household Duty Code (Haustafel) in I Peter (Yale Univ.) Philadelphia 1974

Bartchy, S. S., μᾶλλον χρῆσαι: First Century Slavery and the Interpretation of 1 Corinthians 7:21 (SBL Diss. Ser. 11) Missoula 1973
Bartsch, H. W., Die Anfänge urchristlicher Rechtsbildungen. Studien zu den Pastoralbriefen, Theol. Forschung 34, Hamburg-Bergstedt 1965
Bellen, H., Studien zur Sklavenflucht im römischen Kaiserreich (Forsch. z. ant. Sklav. 4) Wiesbaden 1971
Bernays, J., Über das phokylideische Gedicht, in: ders., Gesammelte Abhandlungen I (hrsg. v. H. Usener) Berlin 1885, 192–261
Bleicken, J., Verfassungs- und Sozialgeschichte des römischen Kaiserreichs I, II (UTB 338, 339) Paderborn–München–Wien–Zürich ²1981
Bömer, F., Untersuchungen über die Religion der Sklaven in Griechenland und Rom (Ak. d. Wiss. u. d. Lit.: Abh. d. geistes- u. sozialwiss. Kl.) Wiesbaden I: 1957, II: 1960, III: 1961, IV 1963
Bonhöffer, A., Die Ethik des Stoikers Epiktet, Gießen 1911
Brockmeyer, N., Sozialgeschichte der Antike, Stuttgart–Berlin–Köln–Mainz 1974
– Antike Sklaverei (Ertr. d. For. 116) Darmstadt 1979
Brunner, O., Das „ganze Haus“ und die alteuropäische „Ökonomik“, in: ders., Neue Wege der Sozialgeschichte, Göttingen 1956, 33–61
Buckland, W. W., The Roman Law of Slavery. The Condition of the Slave in Private Law from Augustus to Justinian, Cambridge 1908
Büchsenschütz, A. B., Besitz und Erwerb im griechischen Altertum, Halle 1869 (= Neudruck Aalen 1962)

Cardellini, I., Die biblischen „Sklaven“-Gesetze im Lichte des keilschriftlichen Sklavenrechts. Ein Beitrag zur Tradition, Überlieferung und Redaktion der alttestamentlichen Rechtstexte (BBB 55) Königstein/Ts. 1981
Crouch, J. E., The Origin and Intention of the Colossian Haustafel (FRLANT 109) Göttingen 1972

Deissmann, A., Licht vom Osten. Das Neue Testament und die neuentdeckten Texte der hellenistisch-römischen Welt, Tübingen ⁴1923
Dibelius, M., Rom und die Christen im ersten Jahrhundert (Sitzungsber. d. Heidelb. Ak. d. Wiss. Phil.-hist. Kl. 1941/42, 2) Heidelberg 1942
– Das soziale Motiv im Neuen Testament, in: Ges. Aufsätze I, Tübingen 1953, 178–203

Eder, W., Servitus Publica. Untersuchungen zur Entstehung, Entwicklung und Funktion der öffentlichen Sklaverei in Rom (Forsch. z. ant. Skl. 13) Wiesbaden 1980
Elorduy, E., Die Sozialphilosophie der Stoa (Philologus Suppl. 28,3) Leipzig 1936

Filson, F. V., The Significance of the Early House Churches: JBL 58 (1939) 105–112
Finley, M. I., Die antike Wirtschaft (übers. v. A. Wittenburg) München ²1980
– Die Sklaverei in der Antike. Geschichte und Probleme, München 1981

Gayer, R., Die Stellung des Sklaven in den paulinischen Gemeinden und bei Paulus. Zugleich ein sozialgeschichtlich vergleichender Beitrag zur Wertung des Sklaven in der Antike (Europ. Hochschulschr. Reihe XXIII 78) Bern–Frankfurt 1976

Gigon, O., Die Sklaverei bei Aristoteles: Entretiens sur l'antiquité classique 11 (1964) 247–283

Goppelt, L., Die apostolische und nachapostolische Zeit (Die Kirche in ihrer Gesch. I A) Göttingen ²1966

– Jesus und die „Haustafel"-Tradition, in: Orientierung an Jesus. Zur Theologie der Synoptiker (FS f. J. Schmid, hrsg. v. P. Hoffmann) Freiburg–Basel–Wien 1973, 93–106

– Prinzipien neutestamentlicher und systematischer Sozialethik heute, in: Die Verantwortung der Kirche in der Gesellschaft (hrsg. J. Baur – L. Goppelt – G. Kretschmar) Stuttgart 1973, 7–30

Grässer, E., Die politische Herausforderung an die biblische Theologie: EvTh 30 (1970) 228–254

Grant, R. M., Christen als Bürger im Römischen Reich, Göttingen 1977

Grimm, B., Untersuchungen zur sozialen Stellung der frühen Christen in der römischen Gesellschaft (Diss.), Bamberg 1975

Gschnitzer, F., Studien zur griechischen Terminologie der Sklaverei I: Grundzüge des vorhellenistischen Sprachgebrauchs (Akad. d. Wiss. u. Lit.: Abhandl. d. geistes- u. sozialwiss. Kl. 13) Wiesbaden 1964

Gülzow, H., Christentum und Sklaverei in den ersten drei Jahrhunderten, Bonn 1969

– Soziale Gegebenheiten der altkirchlichen Mission, in: H. Frohnes – H.-W. Gensichen – G. Kretschmar (Hrsg.), Kirchengeschichte als Missionsgeschichte, München 1974, 189–211

Häusler, E., Sklaven und Personen minderen Rechts im Alten Testament (Diss. Masch.), Köln 1956

Hahn, F., Paulus und der Sklave Onesimus. Ein beachtenswerter Kommentar zum Philemonbrief: EvTh 37 (1977) 179–185

Hainz, J., Ekklesia. Strukturen paulinischer Gemeinde-Theologie und Gemeinde-Ordnung (BU 9) Regensburg 1972

Harnack, A. v., Die Mission und Ausbreitung des Christentums in den ersten drei Jahrhunderten, Leipzig ⁴1924

Haufe, Ch., Die antike Beurteilung der Sklaven: Wissensch. Zeitschr. 9 (1959/60) 603–616

Heinisch, P., Das Sklavenrecht in Israel und im alten Orient: StCath 11 (1934/35) 201–218

Hoffmann, J., Die „Hausväterliteratur" und die „Predigten über den christlichen Hausstand". Lehre vom Hause und Bildung für das häusliche Leben im 16., 17. und 18. Jhdt. (Gött. Stud. z. Pädag. 37) Weinheim 1959

Jonkers, E. J., Das Verhalten der alten Kirche hinsichtlich der Ernennung zum Priester von Sklaven, Freigelassenen und Curiales: Mnemosyne 10 (1941) 286–302

Judge, E. A., Christliche Gruppen in nichtchristlicher Gesellschaft. Die Sozialstruktur christlicher Gruppen im ersten Jahrhundert, Wuppertal 1964

Kamlah, E., ῾ΥΠΟΤΑΣΣΕΣΘΑΙ in den neutestamentlichen „Haustafeln", in: Verborum Veritas, FS f. G. Stählin (hrsg. v. O. Böcher u. K. Haacker) Wuppertal 1970

Kaser, M., Das römische Privatrecht. 1. Abschnitt: Das altrömische, das vorklassische und klassische Recht (HAW 3. Teil III 1) München ²1971; 2. Abschnitt: Die nachklassische Entwicklung, ²1975
Kehnscherper, G., Die Stellung der Bibel und der alten christlichen Kirche zur Sklaverei, Halle 1957
Klauck, H.-J., Hausgemeinde und Hauskirche im frühen Christentum (SBS 103) Stuttgart 1981
Klees, H., Herren und Sklaven. Die Sklaverei im oikonomischen und politischen Schrifttum der Griechen in klassischer Zeit (Forsch. z. antiken Sklav. 6) Wiesbaden 1975
Klein, G., Christusglaube und Weltverantwortung als Interpretationsproblem neutestamentlicher Theologie: VF 18 (1973) 45–76
Kornemann, E., Collegium, in: RE IV/1, 380–480
Kreissig, H., Zur sozialen Zusammensetzung der frühchristlichen Gemeinden im ersten Jahrhundert u.Z.: Eirene 6 (1967) 1–6
Kügler, U.-R., Die Paränese an die Sklaven als Modell urchristlicher Sozialethik, Erlangen 1977
Kuss, O., Enthusiasmus und Realismus bei Paulus, in: ders., Auslegung und Verkündigung I: Aufsätze zur Exegese des Neuen Testaments, Regensburg 1963, 260–270

Latte, K., Römische Religionsgeschichte (HAW V/4) München 1960
Laub, F., Eschatologische Verkündigung und Lebensgestaltung nach Paulus. Eine Untersuchung zum Wirken des Apostels beim Aufbau der Gemeinde in Thessalonike (BU 10) Regensburg 1973
– Paulus als Gemeindegründer, in: J. Hainz (Hg.), Kirche im Werden. Studien zum Thema Amt und Gemeinde im Neuen Testament, Paderborn 1976, 17–38
– Der Christ und die staatliche Gewalt. Zum Verständnis der „politischen" Paränese Röm 13,1–7 in der gegenwärtigen Diskussion: MThZ 30 (1979) 257–265
Lauffer, S., Die Sklaverei in der griechisch-römischen Welt: Gymn. 68 (1961) 370–395
Lehmann, R., Epître à Philémon. Le christianisme primitif et l'esclavage, Genève 1978
Lemche, N. P., The „Hebrew Slave". Comments on the Slave Law Ex. XXI 2–11: VT 25 (1975) 129–144
– The Manumission of Slaves – The Fallow Year – The Sabbatical Year – The Jobel Year: VT 26 (1976) 38–59
Liebenam, W., Zur Geschichte und Organisation des römischen Vereinswesens, Leipzig 1890 (= Neudruck Aalen 1964)
Lührmann, D., Wo man nicht mehr Sklave oder Freier ist. Überlegungen zur Struktur frühchristlicher Gemeinden: WuD NF 13 (1975) 53–83
– Neutestamentliche Haustafeln und antike Ökonomie: NTS 27 (1980/81) 81–97

Marquardt, J., Das Privatleben der Römer I, II, Leipzig 1886 (= Darmstadt 1975)
Merk, O., Handeln aus Glauben. Die Motivierung der paulinischen Ethik (Marb. ThSt 5) Marburg 1968

Nebel, G., Der Begriff des KAΘHKON in der alten Stoa: Herm 70 (1935) 439–460

Overbeck, F., Über das Verhältnis der alten Kirche zur Sklaverei im römischen Reich, in: Studien zur Geschichte der alten Kirche I, Schloß-Chemnitz 1875, 158–230

Plessner, M., Der Οἰκονομικός des Neupythagoreers ‚Bryson' und sein Einfluß auf die islamische Wissenschaft (Orient und Antike 5) Heidelberg 1928
Ploeg, L.P.M. van der, Slavery in the Old Testament: VT Suppl. 12 (1971) 72–87
Pohland, F., Geschichte des griechischen Vereinswesens, Leipzig 1909 (Repr. Leipzig 1967)
Praechter, K., Hierokles der Stoiker, Leipzig 1901

Rabel, E., Grundzüge des römischen Privatrechts, Darmstadt ²1955
Rengstorf, K. H., Die neutestamentlichen Mahnungen an die Frau, sich dem Manne unterzuordnen, in: Verbum Domini manet in aeternum (FS f. O. Schmitz) Witten 1953, 131–145

Schenke, L., Zur sogenannten „Oikosformel" im Neuen Testament: Kairos 13 (1971) 226–243
Schertl, A., Zur Stellung der Sklaven in den collegia (Diss. Masch.) München 1949
Schnackenburg, R., Die sittliche Botschaft des Neuen Testaments, Handb. d. Moralteol. 6, München ²1962
Schrage, W., Zur Ethik der neutestamentlichen Haustafeln: NTS 21 (1974/75) 1–22
Schroeder, D., Die Haustafeln des Neuen Testaments. Ihre Herkunft und ihr theologischer Sinn (Diss. Masch.) Hamburg 1959
Schubart, W., Einführung in die Papyruskunde, Berlin 1918
Schulz, S., Gott ist kein Sklavenhalter. Die Geschichte einer verspäteten Revolution, Hamburg 1971
– Hat Christus die Sklaven befreit? Sklaverei und Emanzipationsbewegungen im Abendland: Ev. Komm. 5 (1972) 13–17
Schweizer, E., Zum Sklavenproblem im Neuen Testament: EvTh 32 (1972) 502–506
Sohm, R., Institutionen. Geschichte und System des römischen Privatrechts (bearb. v. L. Mitteis; hrsg. v. L. Wenger), München–Leipzig ¹⁷1930
Speyer, W., Zu den Vorwürfen der Heiden gegen die Christen: JAC 6 (1963) 129–135
Steinmann, A., Sklavenlos und alte Kirche. Eine historisch-kritische Studie über die soziale Frage im Urchristentum (Apolog. Tagesfragen 8) Mönchen-Gladbach 1910
Suhl, A., Der Philemonbrief als Beispiel paulinischer Paränese: Kairos NF 15 (1973) 267–279

Theissen, G., Soziale Schichtung in der korinthischen Gemeinde, in: ders., Studien zur Soziologie des Urchristentums (WUNT 19) Tübingen 1979, 231–271
Thraede, K., Zum historischen Hintergrund der ‚Haustafeln' des NT, in: Pietas, Festschr. f. B. Kötting (hrsg. v. E. Dassmann u. K. S. Frank), Jahrb. f. Antike u. Chr. Ergänzungsbd. 8, Münster 1980, 359–368
Trummer, P., Die Chance der Freiheit. Zur Interpretation des μᾶλλον χρῆσαι in 1 Kor 7,21: Bibl. 56 (1975) 344–368

Vielhauer, Ph., Oikodome. Das Bild vom Bau in der christlichen Literatur vom Neuen Testament bis Clemens Alexandrinus, Heidelberg 1939

Vittinghoff, F., Die Bedeutung der Sklaven für den Übergang von der Antike ins abendländische Mittelalter: Hist. Zeitschr. 192 (1961) 265–272

Vogt, J. (Hg.), Bibliographie zur antiken Sklaverei. In Verbindung mit der Kommission für Geschichte des Altertums der Akademie der Wissenschaften und der Literatur (Mainz) Bochum 1971

– Sklaverei und Humanität. Studien zur antiken Sklaverei und ihrer Erforschung (Historia: Einzelschriften 8) Wiesbaden [2]1972

– Der Vorwurf der sozialen Niedrigkeit des frühen Christentums: Gymn. 82 (1975) 401–411

Weber, C. W., Sklaverei im Altertum. Leben im Schatten der Säulen, Düsseldorf-Wien 1981

Weidinger, K., Die Haustafeln. Ein Stück urchristlicher Paränese (UNT 14) Leipzig 1928

Wendland, H.-D., Zur sozialethischen Bedeutung der neutestamentlichen Haustafeln, in: ders., Botschaft an die soziale Welt. Beiträge zur christlichen Sozialethik der Gegenwart, Hamburg 1959, 104–114

Westermann, W. L., The Slaves Systems in Greek and Roman Antiquity (Memoirs of the Am. Phil. Society 40) Philadelphia [3]1964

– Sklaverei, in: RE Suppl. VI 894–1068

Wilhelm, F., Die Oeconomica der Neupythagoreer Bryson, Kallikratidas, Periktione, Phintys: Rhein. Museum f. Philol. NF 70 (1915) 161–223

Wilken, R. L., Kollegien, Philosophenschulen und Theologie, in: W. A. Meeks (Hg.), Zur Soziologie des Urchristentums. Ausgewählte Beiträge zum frühchristlichen Gemeinschaftsleben in seiner gesellschaftlichen Umwelt (ThB 62) München 1979, 165–193

Wodke, W., Oikos in der Septuaginta. Erste Grundlagen, in: O. Rössler (Hg.), Hebraica: Marburger Stud. z. Afr.- u. Asienkunde B 4, Berlin 1977, 58-140

Ziebarth, E., Das griechische Vereinswesen, Leipzig 1896 (= Neudruck Wiesbaden 1969)

Stellenregister (in Auswahl)

4. *Neues Testament*

5. *Apostolische Väter*

6. *Patristik*

7. *Kirchenordnungen*

Sachregister